先秦学术风貌与秦汉政治

朱宝昌 著

商务印书馆
创于1897 The Commercial Press
2018年·北京

图书在版编目（CIP）数据

先秦学术风貌与秦汉政治 / 朱宝昌著．—北京：商务印书馆，2018
ISBN 978-7-100-15581-6

Ⅰ.①先… Ⅱ.①朱… Ⅲ.①学术思想—思想史—中国—先秦时期②政治制度史—中国—秦汉时代 Ⅳ.①B22②D69

中国版本图书馆CIP数据核字（2017）第299006号

先秦学术风貌与秦汉政治
朱宝昌　著

商　务　印　书　馆　出　版
（北京王府井大街36号　邮政编码 100710）
商　务　印　书　馆　发　行
三河市尚艺印装有限公司印刷
ISBN 978-7-100-15581-6

2018年4月第1版　　开本 640×960　1/16
2018年4月第1次印刷　　印张 13 1/4

定价：48.00元

朱宝昌先生像

（1983年春摄于陕师大家中）

前　言

我这一本包括十一篇文章的小书，其中有两篇文章是两根线。第一根线的题目是“先秦文学、政治、人物、学术思想、社会风尚总论略”。在这根线上，第一个点是“孔子——从作《春秋》说起”。第二个点是“论秦始皇的统一六国兼论道家、儒家和法家”。这两个点合为一组，尽管这两篇文章并不紧接在一起，不但不紧接在一起，而且论孔子的这篇文章是第一根线上第一篇文章。因孔子作《春秋》是开战国时代百家争鸣的发端，是值得大书而特书的，有划时代意义的一件大事。秦始皇的以法家思想为武器，消灭了关东六国，统一了天下，是百家争鸣的结束。先秦这一历史时代的结束，秦汉大一统帝国历史时代的开始，这同样是值得大书特书、划时代的大事。

第一根线上的第三个点是“《庄子·齐物论》疏解”。第四个点是“论《离骚》三次求女及屈原的忠君爱国思想”、“《离骚》简释”。我在疏解《齐物论》时，虽然重点放在哲学上，但庄子的文章在艺术、美学上的价值，完全堪媲美《离骚》。我在疏解中也不是不曾予以重视，但由于他在哲学方面提出的问题太多，有难以兼顾之势。关于道家的老子，关于五千言当然应该有一个重点，但我在小书的第二根线上有一个重点“文景之治与黄老哲学”，对古之博大真人自信作了足够的重视。如再逐句疏解，肯定会有重复。在这篇前言中，在下文还有点余意要加以补充。

第二根线“两汉文学、政治、学术思想、社会风尚总论略”。在这根线上，第一个点是“论汉高皇帝的得国及文帝以前的汉家政治形势”。第二个点是“文景之治和黄老哲学”。附录“《外戚世家》的简略分析”。第三个点是“《正葛》诸葛村夫和皇叔、关羽、鲁肃、阿瞒及碧眼小儿”。

关于第二个点，英国的当代大哲学家罗素曾说：“最好的政府，应该是事情做得最少的政府，中国历史上曾经有过这样的政府。”[①] 罗素曾经到中国来过，在北大讲过学。在中国古代哲人中他最欣赏老子。罗素所说的中国历史上曾经有过的最好的政府，当然只能指的是汉文帝的政府。

当时为什么有一个值得像罗素这样一位有声望的大哲学家称道赞美的理想政府呢？这是不难理解的。秦始皇用法家的铁扫帚赢得了暂时的统一，始皇一死，秦帝国立即土崩瓦解。这说明从春秋以来，长期混乱达五百多年之久的局面，一下子安定不下来。这一点，我在论秦始皇和法家时，自信已经说得够清楚了。法家应该休息了，这时只有一跤倒在老母亲的怀里。所以汉家这时出现了汉文帝这样的政权是历史现实的要求，是形势的必然。汉文帝刘恒也并非生来便是个菩萨。他左也忍，右也忍，对内也忍，对外也忍。王船山说得好：“乃其忍也，蓄刑杀于心而姑忍之也。”文帝下一代是景帝。到了第二代武帝，便开始了对匈奴的拼搏。武帝在位五十四年，终武帝之世，双方都斗得精疲力竭，匈奴远窜漠北，汉家得了匈奴的宝库阴山。匈奴无论男女老幼，凡过阴山者无不哭，边哭边唱：“失我胭脂山，使我妇女无颜色。”而汉家的人口则减去了一半，文景两代勤俭节约的物资，花得精光，遍地是盗贼。唐代文学家李华写的《吊古战场文》，说得最真切不过：“汉击匈奴，虽有阴山，枕骸

① 罗素这句话见于何书，现记不起，但他肯定说过这话。

遍野，功不补患。”

这以后，匈奴内部分裂了，汉家也无进攻能力了。武帝事业的接班人大将军霍光，用他所有的力量医治战争的创伤。到元帝时，匈奴分裂出来的一方呼韩邪单于向汉家投降，到汉家来朝见皇帝。这时汉家也开始衰弱了。到了东汉的第三代，大将军窦宪和南单于，即呼韩邪合兵一起出击北单于，这才彻底把北单于撵出中国北部。这支野蛮、凶暴的残败军队，丢下了他们的老弱妇孺，狼奔豕突地向西方一个劲往前逃去。沿途经过乌孙、康居、奄蔡、大月氏、西域诸国，再继续西进，经大夏（今巴基斯坦、阿富汗）、安息（今伊朗）、大食（今伊拉克）。走到哪里便打砸抢到哪里，掳掠壮丁妇女以补充消耗，最后到达欧洲的西罗马帝国。这大约在南北朝时期，六朝刘宋王朝将灭亡之时。西罗马帝国亦因受北方野蛮的日耳曼族的侵略而处于崩溃的前夕。这支野蛮的军队带着不同民族、不同语言、不同皮肤血统的妇男小女，浩浩荡荡，闯进了欧洲，贾其余勇，把西罗马帝国痛揍一通，调过头来又将入侵西罗马帝国的日耳曼民族也痛揍了一通。匈奴的单于还异想天开，要娶西罗马帝国的一位公主做配偶，遭到拒绝后，立不住脚，又窜回东欧占领了一块领土，即今之匈牙利。

曾被西汉所击溃的一支残败队伍，窜逃到西方后还发生这么大的作用。当年西汉帝国是何等实力，何等气象！追本穷源，都是当初那个做事情做得最少的政府，历半个世纪蓄积下的物质资本和精神资本所起的作用。如果文帝当年听了贾谊的话，把由他的儿孙们完成的事业及身就动起手来，后果简直不堪设想，汉不为亡秦之续，才是怪事。

第三个点是“《正葛》诸葛村夫和皇叔、关羽、鲁肃、阿瞒及碧眼小儿”。笔者以诸葛村夫为中心，以关羽在荆州的失败这一事件为契机，将三国时代三方面的重要人物都浓缩在村夫的周围，写出了他们错综复杂的利害关系。因诸葛治蜀和孟德在中原都是用法家方法治国，取得一定效果。我在第一根线、第一组人物中论秦始皇及李斯、赵高时，曾费了不少笔墨肯定法家对始皇统一中国起了决定性的作用。在第二根线的第二个点论及文景之治与黄老哲学时曾严厉批评法家。故在第三个点再谈一次法家，作为这一重大事件的不绝如缕的余音。这时，气象万千、大海怒涛的先秦时代，雄伟阔大、朴厚深沉的两汉时代都已成陈迹，这时的法家亦有别于古之正统法家。我特别创造了一个名词，叫作“用法家”，特别提出孟德不但是大政治家、大军事家，而且也是伟大的诗人，为下一个风流时代风流人物的鼻祖。至于他夺取政权的方式，不能像汉之高皇那样正正堂堂，英雄终作贼[①]，然其影响及于整个中古，自阿瞒作俑，六代及隋、唐、宋都袭用了此一甚不高明的方式，则此事亦非出于偶然。我给曹公及诸葛村夫的法家名之曰“用法家”，有关魏武故事如上已述。村夫的法家则限于治国用兵，其立身行已则取式于儒道。其在后世的影响当然远不能与孟德抗衡，然智慧的化身见播于小说及戏剧，亦中古屈指可数人物矣。

总　结

我这本小书当然不是文学史、哲学史一类的书。顾名思义，只能是一本谈变化发展的书。由两周不得不变而为战国。由战国不得不变而为两汉。由两汉不得不变而为三国魏晋。变者，不得不变者也。当其变，不能不变也，当其不变，不能变也。

---

① “英雄终作贼”语本王国维怀古组诗：“曹公屈指从头数，天下英雄属使君。即使英雄终作贼，中原那更有桓温。”

变化发展有变化发展的规律，不可能眼睛一眨，老母鸡变成雄鸭，变化发展的规律，便叫作辩证法。

由两周诗人的时代变成战国智人的时代，由孔子作《春秋》发其端，孔子就令他是个圣人，但并不能掌握操纵这个发展变化。孔子本身也是变化运动中的一物。试举例以明之：孔子作《春秋》，其方法是正名，其意义纯粹是政治的，伦理的。但一转手到了墨子手中，便给孔子的正名加添逻辑学的意味。墨子说：“盗，人也；多盗，非多人也；无盗，非无人也。”这一发展，为孔子所不及料。孔子并不懂什么逻辑，墨子也不赞成、不赏识孔子的一切行事，一切活动，但这一发展该多么美。到了孟子和告子辩论“性”的问题时，双方逻辑的兴趣更浓了，技术更熟练了。告子说了一句“生之谓性”，意即：人生下来就会的，不待学习的，就叫作人的性。孟子反驳说：“生之谓性也，犹白之谓白与？”告子答：“是。”孟子反问：“白羽之白也，犹白雪之白，白雪之白，犹白玉之白与？”告子又答：“是。”于是孟子说：“然则犬之性，犹人之性，人之性，犹牛之性与？”这一段对话说明逻辑学到了孟、告二子手里更发展了。这是何等有趣的现象。到了庄子和荀子手里，逻辑的使用更广泛了。惠施、公孙龙和墨子的后学都成了逻辑专门名家了。《庄子·天下篇》中有一个专门术语，叫作“辩者”，即指专搞逻辑为职业，专耍逻辑为游戏的人们。追求逻辑学在中国的祖师爷，非孔丘而谁？但孔丘实无意造成这样一批人物，造成这样一种社会风气。但事实上他一讲“正名”，就“正”出这样的副产品来了。

一到两汉，创造性的智人时代过去了，司马迁父子，班固一家父子、兄妹、叔侄及宾客，刘向、歆父子；以及贾谊、董仲舒、马融、郑康成等大学问家出现了。所谓“经生”、“博士”出现了，于是逻辑学灭亡了。在先秦战国时，是当其有，不能不有也，有了这，于是百家之徒，争鸣争得更欢了，更得劲了。到了两汉是当其无，不能有也。两汉大学者们没有逻辑训练，照样能产生大量泱泱雄风的文章。逻辑乃末技耳，太夸大逻辑的功能是完全不必要的，乃至太夸大孔子正名的功能也是不必要的。整个的社会、整个的民族、整个的国家，从上到下，从下往上是一有机的整体，如铜山东崩，则洛钟西应，牵一发而全身动，针一孔而周身痛。孔子的正名，起了牵一发、针一孔的作用，如此而已，于是全身动起来了。于是周身痛起来了，于是大约二百年间，整个社会变了样了。崭新的人物大批出现了，事情就是这样，美化任何伟大人物过分了，都是要不得的。

我写成这样一本小书，首先得感谢陕西社会科学院院长郭琦同志，多年来他是我的良师、益友。在打倒了“四人帮”以后，他鼓励我说：“现在你可以写点文章，歌颂老祖宗，发扬民族自豪感。”其次得感谢我少年时代的窗友、武汉大学吴于廑教授。我每写一篇文章，都寄给他一份，他尽管很忙，总要抽时间看，谈出他的意见。后来我自觉身体支持不下来了，很少动笔。直到去年秋后才觉得稍有转机，又得到他的鼓励支持，又继续执笔。我自觉这十多篇文章，没有一篇有我自己的创造性的见解，总是有本而来。我也非甘心去作文抄公，只是认为人家说得对，标不出新，立不成异，于是只有照抄，我只是编排组织，也不敢说有什么匠心独运。这十多篇文章中有许多地方互相补充发明，我都自以为是得意之笔，也有些场合出现了矛盾，此抑彼扬，或此扬彼抑，我也认为很好，本来这十多篇文章不是一时、一口气写成的，故它们彼此间关系较为松散，合起来说明一个问题，即两周到两汉，到三国分裂，中国历史的变化发展是很正常的，合乎辩证的规律的。整个的一部中国历史的发展变化，只能是按辩证的规律的发展变化，天不变，道亦不变。辩证法并不深奥，也并不神秘。任何一个极普通人都能学，圣人学一辈子也学不完。正如《中庸》所说：“夫妇之愚，可以与知焉，及其至也，虽圣人亦有所不能尽焉。”

目 录

先秦人物气象万千

如大海惊涛　汹涌澎湃

一浪高过一浪

先秦文学、政治、人物、学术思想、社会风尚总论略

本文主要根据如下几部书写成：一、《诗经》，二、《左传》，三、《国语》，四、《战国策》，五、《孟子》，六、《史记》。

《诗经》产生的年代最早，大约从西周开国（公元前十一世纪）至春秋中叶（公元前六世纪），共约五百多年。所谓春秋时代，从鲁隐公元年开始到鲁哀公十四年止（公元前七二二年到公元前四八一年）。战国时代的开始有两说：一、春秋时代的结束，就是战国时代的开始；二、开始于韩、赵、魏三家分晋。战国时代结束于秦始皇统一六国，即公元前二二一年。从鲁哀公十四年到三家分晋，达七十八年历史的记载缺了，这是十分可惜的事。大思想家、大科学家、大活动家墨子便处在这个当儿，故他的史迹特别不详。今天想了解墨子，研究墨子，比了解研究其他诸子都困难。汉兴七十年后大历史学家司马迁网罗天下放失旧闻，但他竟无法替墨子写一篇传记，举这一件事，意在说明《诗经》、《左传》、《国语》、《战国策》、《孟子》等书的无法估计的学术价值。假如没有这些书，我们对于春秋和战国这两个伟大的时代便均将一无所知。

春秋、战国都是历史上变化动荡十分激烈的时代，此变化直到西汉建立了大一统的中央集权的汉帝国后才稳定下来。春秋、战国之交，是西周奴隶制社会演变为封建社会质、量互变的交错线。自

从西周东迁洛阳，开国时奴隶制社会便进一步加速走向崩溃之路。其原因首先是军事上不能抵抗北方异民族的侵略；其次是政治的、经济的继之以社会体制、意识形态的总崩溃。整个春秋时代是逐渐崩溃的全部过程。《左传》、《国语》和《诗经》的变风、变雅都是逐渐崩溃的见证。周室既东之后，周天子已完全无力维持固有的社会秩序、政治秩序。这对于旧奴隶制政体的贵族当然是悲剧，但一切事物本来应该都是如此，在变化发展的过程中走向自己的反面。这就叫作历史的辩证法。我国第一部诗歌总集《诗经》便反映了从稳定到不稳定各方面人们的精神状态、物质生活和人们相互间的关系。所谓变风、变雅便是由稳定到不稳定的转折点（见孔颖达《诗正义》引郑康成《诗谱序》）。东迁之后王畿日益缩小，经济日益枯竭，王权当然因之日益式微。故《黍离》之诗，孔子不列之于雅，而编次于风。这就是孟子所谓："王者之迹息而诗亡。"朱熹注："王者之迹息谓平王东迁而政教号令不及于天下也，谓《黍离》降为国风而诗亡也。"王室这时已不成其为王室，甚至还不得比于诸侯中的大国——齐、晋、秦、楚、吴和越。《黍离》诗的内容是十分哀感动人的。周室既东之后，大夫行役，至于西周，见宗庙宫室都化为一片禾黍，于是感叹流连不忍离去，怀念故国，叹息痛恨于幽、厉，于是唱出"知我者谓我心忧，不知我者谓我何求？"悲苦哀伤的调子。这就是后来李白所谓："大雅久不作，吾衰竟谁陈？王风委蔓草，战国多荆榛。龙虎相啖食，兵戈逮狂秦，正声何微茫，哀怨起骚人……自从建安来，绮丽不足珍，圣代复元古，垂衣贵清真，群才属休明，乘运共跃麟，文质相炳焕，众星罗秋旻，我志在删削，垂辉映千春，希圣如有立，绝笔于获麟。"（李白《古风》第一首）无论是孔子对《诗经》的正变之分，及孟子的"王者之迹息而诗亡"的论断，及朱熹的对孟子的论断的解释，及太白的《古风》诗凭其天才的独断，对上下数千年诗史的评价，都是从政治的立场说，而不是就诗的立场说。有文武、成康、周公的政治，而后才有大雅的篇章。紧接着“王者之迹息而诗亡”，孟子又说：“诗亡而后《春秋》作。”孟子这句话恰好指出了先后两个时代：上一句是春秋时代，是诗人时代的结束，是西周奴隶制的崩溃和毁灭的时代；下一句是战国时代，是哲学家的时代，新贵族登上历史舞台的时代，是孔子及九流十家的时代。孟子这句话恰恰符合世界许多民族早期文学史由诗而散文的演进程序。任何民族的第一页文明史总是由诗人先出来歌唱，接着哲学家继之而起。（参看章太炎《诗辨》及普列哈诺夫《论艺术》）对诗三百特别重视风，贬低雅颂是不对的。“诗三百”无一字不是至宝。它反映了我们的祖先是怎样一步一个脚印地从诗人时代跨进哲人时代的。

大国兴起的原因，无必要去详细叙述了。大国既已兴起，王室的威信又一天比一天下降，于是大国侵略的魔手便伸向所谓同姓的兄弟之国和异姓的甥舅之国。这一趋势是任何力量也堵塞不住的。旧制度除非原封不动，若有一动便非彻底破坏不可。这便叫作历史发展变化的必然规律。在春秋时代，第一个霸主齐桓公，打的旗帜还是尊王攘夷。他还想尽可能代替周天子维护华夏诸侯之间的固有秩序。他因此得到春秋末年学术文化权威人物孔子的赞许。但是，文武成康之制非彻底崩溃不可，这是历史的必然。周天子无如之何，齐桓公亦无如之何（所以孟子在战国齐宣王之世，滕文公问他如何使区区之滕能在齐、楚二大国之间存下去时，孟子回答他有两条路。其实孟子心中是一筹莫展），孔子更是无如之何。凡孔子的一切努力，无一不是在促进西周制度的彻底崩溃，为新兴封建地主阶级鸣锣开道，但他自己一点不自觉。这实在是值得人深思的。继起的霸主的作风，一个狠似一个。到了战国时代，晋为三家所分，田氏代姜氏有齐国。鲁有三家，郑有七穆。天子失位，政在诸侯，诸侯失国，权在大夫。层层上克是这个时代政治上的特征。新兴的大国的经济、军事、政治力量，均远远超过了宗周的盛世，所谓国家的性质和宗周也绝不是一回事了。宗周时代的政治上的安定，质朴的优良风习，到了战国之世一点也没有了，虽然孔子曾说过“周监于二代，郁郁乎文哉，吾从周”。比之战国之世，宗周的所谓文化太朴素了，太简单了，太不能适应形势的要求了。唯其如此，所以才能持续三百多年之久。也唯其如此，所以现在持续不下去了。此所以孟子说：“五霸者，三王之罪人也。今之诸侯，又五霸之罪人也。”但这有什么办法呢？三王之世，不得不变为五霸之世。五霸之世不得不变为今之诸侯之世。连孔子和他的三千七十都无如之何，孟子又有什么办法呢？

从春秋到战国之世，由于农业进一步发展，经济不断发达，社会上随之出现了前所未有的新型人物，陶朱公、吕不韦、白圭、猗顿都是其典型代表。这一批人物，挟其雄厚的经济力量，代替过去的公族世卿而取得政治上的地位。他们或则直接干预政治，或则以在野之身与当政者通声气，共呼吸。周家统治者因在经济上军事上失势而在政治上失去威信，江河日下。大商人则因在经济上得势，而自然地获得了在政治上的地位。

随着工商业的发展，大城市出现了，雄大气魄的建筑物出现了。于是前所未有的为新兴的统治阶级服务的文化事物和奢侈的娱乐也出现了。齐国的首都临淄据说是“连衽成帏，挥汗成雨”，稷下则是文人学士集中之地。孟子在当时虽还远说不上是得意之人，但居然也“后车数十乘，从者数十人，传食于诸侯”。赵国的邯郸是个音乐都市。“赵女”是个多么富有诗意、富有浪漫情趣的词语。立于秦始皇左右的是赵女。直到西汉宣帝时，文豪杨恽在夸耀他家庭的文采风流时，还说：“妇赵女也，雅善鼓瑟。”（《报孙会宗书》）“燕赵多佳人，美者颜如玉，披服罗裳衣，当户理清曲。”读这首汉乐府和杨恽的放诞不羁的文章，便可以想象这一名城的艺术趣味和爱美风习曾历久未衰。这时，人，才开始意识到人的地位的尊严。一个人的地位、前途，决定于他的才能、学术，而不是决定于他的家世。于是社会上出现了一种特立独行的新型人物。他们身上充满了浪漫主义色彩的豪情胜概。他们把所处的时代的伟大精神体现在他们自己的人格里。他们专以打击豪强，扶植善良为己任。他们轻生尚勇，敢死好名（决非好虚名、浮名）。他们似乎毫无个人的人间欲望。他们重交尚义，一与之言，终身不改。他们专一为人们解决困难问题，似乎他们自己毫无困难问题需要解决。他们当然谈不到随波逐流，趋炎附势。这就是汉兴七十年后，太史公司马迁所歌颂的国士之风。司马迁本身也便是这个风气中的人。鲁仲连、虞卿、荆轲、侯生、朱亥、乐毅等都是这个风气中的人。吴季子及信陵君无忌，则都以贵公子的身份闻其风而悦之。他们确实是点缀这个光明俊伟的时代的明星。（据章太炎《葑汉微言》，国士之风的兴起，以楚平王及伍子胥父子兄弟事为契机。）

只需把《左传》所记的人物和经传中人物对比一下，便会立刻感到从春秋一开始人们在精神生活上的无比深刻的变化。东周比之于西周在政治上是没落了。正是由于这，正如郑庄公所说："王室而既卑矣，周之子孙日失其序。"于是在西周时代，在人们思想上无比巩固的神权思想，这时动摇了。这是一点也不稀奇的。神权之所以动摇是时代的变化对人们的无比深刻的教育。

从西周以上，我们的老祖宗都是相信鬼神，害怕鬼神，相信巫术，相信人和鬼神可以交通的。

《国语·楚语》里有一段极有趣味的文字，其大意是：在远古时代，人们和鬼神住在一个世界里，混在一起。后来，不知为什么，上帝认为这样不合适，他于是采取措施把人和鬼神分开，这一措施叫作"绝地天通"。人们完全离开了鬼神日子很不好过，于是有一种半人半鬼神的存在物，其名曰"巫"，来往联系于人和鬼神之间，巫是人们最原始时代的医生，也是最原始的"学问家"。当时，人们普遍认为：人世间的一切吉凶祸福都由鬼神支配和决定，只有巫能和鬼神打交道。后来，人们逐渐由蒙昧无知走向开明进步，于是鬼神对人类的威胁力量逐渐减少。后来，人们有了像老子、孔子、左丘明、司马迁这样真正够得上称为学问家的学问家，是一步一步从迷信鬼神的传统里挣扎出来的。鲁迅把这一挣扎的过程叫作“史出于巫”。史出于巫即光明且出于黑暗，黑暗是光明的母亲。左丘明作《国语》于东周王纲解纽，三代以上迷信鬼神的思想已根本动摇的时候，上引这一段妙文应该说是里程碑，哲学家的时代马上就要到来了。

在《左传》里这一类的材料更多更具体。“小国之事大国也，德，则其人也，不德，则其鹿也。”这句话是《左传》文公十七年郑国的执政者子家向晋国诉苦信中的一句无可奈何的准备摊牌的话。当时的形势是小国在大国霸主的铁蹄下，日子比在西周时事奉周天子不知要困难多少倍。随着天子失位，小国的黄金时代过去了。这一剧烈的变化，随国的智人季梁，虞国的智人百里奚和宫之奇都看得清清楚楚。天子的地位都下降与诸侯相等了，哪里还有什么鬼神和祖宗的在天之灵来保证这批公侯伯子男的地位和利益呢？力大者吃人，力弱者被吃。或蚕食，或鲸吞，一切都决定于力量，小国面对的现实是一个不折不扣的强权世界。当时的智人们能看到这一点的确是个飞跃的进步，文武、周召二公怎样也料想不到后世子孙会出现这样问题的。但是在春秋之初，像季梁、宫之奇这样的智人当然还不能太多。在公侯班子里，像郑庄公这样又有智慧又奸猾，心情又矛盾的人也不能太多。绝大部分群众及王公侯伯们还不免在传统的迷信思想支配之下过日子。因此，极少数的智人们心里明白，对鬼神还是破不得。于是他们便发明了一套善巧的方法，不说没有鬼神，而是把鬼神架空起来，说什么“夫民，神之主也，是以圣王先成民而后致力于神”。使“民”得其所哉，鬼神就都高兴，就降福。这时大国要来动手，也得考虑考虑，否则任凭你杀猪宰羊去敬神也不顶事。

到了春秋时代后期出了一位出色的大政治家郑子产，对这一套更心领神会。他不但有卓越的见识，而且又是国际知名的渊博的学问家，这就使郑国这样一个处于四面受敌之地的中等国家终春秋之世得以保全下来。上面提到的那位郑庄公也曾经是一时之杰。他无端要去伐许，但他却说："天祸许国，鬼神实不逞于许君，而假手于我寡人。"看！这副嘴脸，何等可憎，又何等可笑。他忍心害理地说：是天把灾难下降到许国的呀！是鬼神对许君确实很有情绪呀！而鬼神偏要借我的手来整它，我怎敢违背鬼神的命令呢！真好像他和鬼神之间有无线电传真通信。如果真有鬼神，而庄公又真信鬼神，他敢如此嚣张，信口胡诌么？然而他一本正经，非常严肃，脸不红，心不跳。这也确实算是一位人物。下文他又说："天而既厌周德矣，吾岂能与许争乎？"原来郑庄公是周宣王的直系子孙，是最近亲的宗室。王室已不景气，他比谁都清楚。郑建国到他才第三代，不像晋国齐国等已经成了大国。他虽狠，但郑国不可能有多大发展前途。故他说这话时也颇带伤感情绪。就论《左传》这样文章，这样细致深刻地对人物形象及心理状态的描绘，能求之于虞、夏、商、周之书么？从这一点也就可看出当时的时代在飞跃地向前发展。

再说，像季梁、宫之奇等人的关于鬼神的善巧语言，虽也是谎话，但意义极大，作用极大，价值也极大。这和郑庄公撒谎欺弄愚众根本不一样，而是对小孩子不能说大人话，这也就是毛泽东同志曾经说的："乡村里的土地菩萨，只有等农民群众觉悟提高了时亲自动手去打，你替他们打了，他们心里的偶像照旧存在。我们却脱离了群众。"故庄子说："彼且为婴儿，吾与之为婴儿。"上下数千年哲人智人均同此心，同此境。终春秋一代，各国的贤士大夫，英明君主接踵而起。到了郑子产这一位伟人，态度更明朗了，理论也更缜密了。他不但不迷信鬼神，而且也不迷信"术数"。特别卓越的是：有人用"术数"说明未来之事，即使后来证实了，他也不许用。

在昭公十七年的冬天，根据一种天象，当时各国的术数家都预言：将有一场大火灾发生在宋、卫、陈、郑四国。未发生前郑国的术数家裨灶对子产说：只要牺牲三件宝，即瓘、斝及玉瓒以祈禳，郑国便可免于火灾。子产不许。果然四国都发生了大火灾。裨灶又说：不听我的话，不祈禳，郑国还会有二次火灾。另一位贵族劝子产听裨灶的话。子产坚决不听，他说："天道远，人道迩，非所及也；何以知之？灶焉知天道？是亦多言矣，岂不或信。"遂不与，郑亦不火。（按：子产关于上述这件事情发的这段议论，是涉及人类思想方法的一个极重要的问题。子产的思想方法已非常严谨，子产的见地已非常卓远，值得我们仔细分析。）

子产认为人只能努力把人事办好，即此便很不易。至于所谓天道，人管不着。天是不是有个心，这个心很仁慈，或否，天是不是有个什么道，给好人降福，让坏人受罪，或否，人怎能知道？偏有人说他能知天意。凭什么工具去知道？裨灶有何特殊能耐，他又凭什么懂得天道？偶然说对了时当然也是有的。于是子产坚决拒绝给裨灶三件宝物，不稀罕他祈禳，郑国亦未遭二次火灾。

子产已能辨析得很清楚，即凡一切属于偶然性的幸福和灾难都无法追求或逃避，只有听之任之。这是十分难能可贵的智人、哲人的风度。裨灶所预言的第二次火灾，未依他祈禳也并未发生。这能不能堵住裨灶的嘴，不再多言，教育群众不再迷信呢？不能。裨灶还是要说：假如第一次火灾未发生前，听从他祈禳，便一点损失也没有了。人们还会相信他，因求免于偶然性的灾祸，求得到偶然性的幸福，这是群众普遍有的一种庸俗心理。故裨灶的术数不愁没有市场。

和迷信鬼神的问题有密切联系的还有个杀殉的问题。杀殉这一奴隶制社会极端残酷不仁的野极行为，到了春秋时代，从一般老百姓到上层的贵族士大夫都有其强烈的反应。《左传》文公六年，"秦伯任好卒，以子车氏之三子，奄息、仲行、鍼虎为殉。皆秦之良也。国人哀之，为之赋《黄鸟》"。秦风《黄鸟》这首诗，只要我们中国的语言文字存在一天，它便永远不会磨灭。诗的作者是个极普通的秦国小伙子。他在向死者的墓地走去。一边走，心中一边在默默地悼念：是谁跟从穆公到地下去伺候他的呢？是子车氏之子——我们国家最优秀的三个青年人啊！我来到了他们的墓地，我心惊肉跳，我浑身发抖呀！我头顶上不是苍苍茫茫的天吗？是天，还是人，夺去了我们最优秀的、百里挑一的小伙子啊！如有可能把他们从死神的怀抱里赎回来，谁也愿意献身，既使用一百个去换回他们的一个呀！这便是三千年前一个极普通的小伙子的声音。这声音永不磨灭。这声音能使暑月飞霜、午时泣鬼！这是春秋时代西周奴隶制社会崩溃解体时代的最强音。

当时开明的士大夫的声音："君子曰：秦穆之不为盟主也，宜哉！死而弃民。先王违世（即临死前），犹遗之法而况夺之善人乎？诗曰：'人之云亡，邦国殄瘁。'无善人之谓，若之何夺之……君子是以知秦之不复东征也。"这里所谓君子，当然就是左丘明自己了。他和人民的意见是一致的。当然他不能有当时人民的那一份最可贵的激情。左丘明和孔子同时。据章太炎的说法，他曾和孔子一道去拜见老子，看西周的档案材料（根据汉代刘歆和班固的说法）。这时九流十家快要一个接一个地跳出来了，哲学家的时代快到来了。

到宣公十五年，左丘明又给我们留下了一则有关殉葬的史料。晋国的大将魏武子有个得宠的贱妾。武子身衰，自知不久于人世了，嘱咐儿子魏颗说：我死后找个适合的对象把她嫁出去。到他快死的时候，又吩咐魏颗说：我死后一定将她处死殉葬，跟着我到另一个世界去。等他死后，魏颗执行了他父亲的第一道命令，他认为这是他理智还清醒时下的命令。而下第二道命令时，他神智已昏，理所当然地不听他的。宣公十五年时，魏武子已死很久了。左丘明却在这时追记这件事。因这一年魏颗带兵出战，在紧张搏斗时，看见一个老人结草以抗敌将杜回，杜回跌倒在地，魏颗毫不费力就把他活捉了。当晚梦见这个老人来对他说：我就是你父亲的贱妾的父亲，因你有仁心仁德，执行了你父亲头脑清醒时的第一道命令，保全了我女儿的生命免于横死，故我赶来战场上助你一把力。这是你的仁心仁德应该得到的报答（按：结草报恩报德的典故就出在这里）。这以后几百几千年，文人墨客写文章一直用这个典故。这一事件当然是绝对不可能有的子虚乌有之谈，但左氏捏造，左氏浮夸也还是有捏造浮夸的根由。左氏不记魏颗不执行父亲的乱命于魏武子身死的当时，而追记此事于宣公十五年，距当时已过了好多年。必然是由于魏颗这一合乎人道主义精神的善行在当时社会上留下深刻反响，很得人心。这件事和秦穆公用三良为殉性质多少还有些区别。《黄鸟》哀歌的作者特别强调的是：牺牲的是三个优秀的人才。君子对穆公的谴责也是穆公伤了人民的心，从此秦国只有龟缩在函谷关内，打不出去了。另一次发生在晋国魏家的故事，涉及的是一位元帅的贱妾。她的存、殁真无殊于弱草上的一粒轻尘。魏颗执行了治命，让她改嫁，继续生存下去。因此得到社会的表扬。这说明当时人们对人道主义精神有了更进一步的深刻的认识。即便是极贱的妾妇，没来由使她横死也是罪过，使她免于横死的人是应该得到善报的。先有了这样极粗浅质朴的因果报应的道德观存在于相当一部分人的心理上，于是魏颗的梦境，妾父结草以抗杜回的报恩的手段就出现了。类此的进步思想给孔子的思想影响当然大得很。诗三百经孔子亲手整理，《黄鸟》哀歌受到孔子赞美欣赏自不必说。到了战国时代，孟子记孔子之言："始作俑者，其无后乎，为其象人而用之也。"这语言极深刻、极沉痛、极泼辣而又极雅驯。孔子不但坚决反对人殉，连用木头或泥土刻成人形，用作殉葬的工具，他也坚决反对。这样干的人，子孙绝不会昌盛。圣人也用这样的话咒诅他们了。用木头或泥土刻成人形殉葬是对“人”的光辉形象的污辱。人有贵贱，这是孔子承认的，不过他认为只要是人，都是光辉的。他和孟子的人本主义的哲学，人本主义的政治便从这一点出发。

文公十三年，左氏又记下了邾文公卜迁的有典型意义的故事。他原来卜卦的结果是迁都的后果是利于民而不利于君。邾文公一听便说：“苟利于民，孤之利也。天生民而树之君，以利之也。民既利矣，孤必与焉。”这比之于前一阶段的随侯和虞侯等死抱住鬼神而不放的奴隶主们，可以说有了飞跃的发展。他已认识到君和民之间不应该、也不可能有矛盾。民是主体，对民有利即是对君有利。这一思想首先成长于像邾文公这样芝麻大的小国的君主的脑子里尤其是合理的。当时的小国处在晋楚争霸的形势下，日子太不好过了。当时的邾文公不但要把晋楚伺候好，还要把已经下了台的霸主齐国伺候好，更有甚者，还要把近邻鲁国这样一个二等国家伺候好。如果再不把人民团结好，这邾文公的日子一天也过不下去。他接受时代的先进思想特别快，是有客观条件的。

以上大体勾出了西周王纲解纽后，“诗亡而后《春秋》作”的春秋这一伟大时代的粗线条的轮廓。

孔子——从作《春秋》说起

春秋这一时代因孔子作《春秋》一书而得名。孔子生于鲁襄公二十二年，殁于鲁哀公十六年，得年七十一岁（见《史记·鲁世家》）。所谓春秋时代则终于鲁哀公十四年。

现在我们来介绍孔子，介绍孔子便从他作《春秋》这件事谈起。仍请儒家二号人物孟轲来说话，自孔子和七十子以后，孟轲应该算是关于孔子最有发言权的人物了。

孟轲说："世衰道微，邪说暴行有作，臣弑其君有之，子弑其父有之，孔子惧，作《春秋》。"这段话的意义很清楚。孔子作《春秋》是有其政治意义、现实意义的，是想要拨周室东迁以后之乱而反于西周文、武、周公的太平盛世的，是想要使伍子胥父子兄弟的悲剧不复见于今之世的，是想要使时代的新风，绝伦超群的国士之风的一类人物绝迹于今之世的。从这一点来说，孔子作《春秋》，其政治意义完全是复古的。从这一点讲，自五四以来，孔子为一部分维新人物所诟病，绝不是无因。

孟轲又说："《诗》亡而后《春秋》作。《春秋》，天子之事也。是故孔子曰：'知我者，其惟《春秋》乎！罪我者，其惟《春秋》乎！'"从孟轲以后，太史公司马迁算是对于孔子最有发言权的第二位权威人士了。

司马迁说："上大夫壶遂曰：'昔孔子何为而作《春秋》哉？'"

太史公曰：“余闻董生曰：‘周道衰微，孔子为鲁司寇，诸侯害之，大夫壅之，孔子知言之不用，道之不行也，是非二百四十二年之中以为天下仪表，贬天子，退诸侯，讨大夫，以达王事而已矣。……故曰：臣弑其君，子弑其父，非一旦一夕之故也，其渐久矣。故有国者不可以不知《春秋》，……为人臣者不可以不知《春秋》。……君不君，臣不臣，父不父，子不子，……此四者，天下之大过也。’”

司马迁说：“夫西伯拘而演《周易》，仲尼厄而作《春秋》，屈原放逐而著《离骚》……”

好了，以上引了孟子和太史公的话，这二位，一位是上距孔子一百多年战国时代的大哲学家，一位是上距孔子五百年的汉朝的大史学家，两位都是衷心佩服尊敬这位在春秋末期的到处碰壁不受欢迎，受到坏人迫害和自命清高的隐士们的冷嘲热讽的大圣人的。这位大圣人的学问是极渊博的，事业的规模是极宏伟而空前的。他身后受到这二位后辈的特别佩服和尊敬，愿意在某一方面继承他的业绩，踏着他的脚步前进的。他一生大概就写了这一部书，这是一部什么书呢？从他活着到现在，有谁懂这部书呢？左丘明么？公羊高么？这是怎么回事呢？宋朝王安石说这是断烂朝报。好像并没有人敢不懂装懂地站出来认为王安石狂妄。太史公也并没有敢说他懂得《春秋》。他发了如上一通妙论，据他自己说是董仲舒教给他的。董仲舒和公羊寿同时。董仲舒告诉司马迁的这段议论，只能受之于寿。寿是公羊高的玄孙，公羊高直接受“春秋学”于子夏，然而董仲舒在其大作《春秋繁露》中无一字是贬天子、退诸侯、讨大夫的。围绕着《春秋》这部书，是一个神圣的光圈，一个神秘的黑洞，汗牛充栋的经院哲学的枯燥无味的辩论和吵架。

然而孟子简明扼要的论断和太史公从董仲舒那里学来的精彩的妙论在本质上是一致的，是可以懂的。他们特别推崇佩服孔子作《春秋》这件事，因这确实是孔子一生第一件大事。这件事里寄托了孔子自己的政治哲学，孔子的道德伦理学，孔子的一片赤诚救世的精神。至于这件事情的深广影响，孟子和太史公这二位大人物都看不到，孔子本人也不一定能看到。

孔子作《春秋》的基本精神只有两个字，即正名。什么叫正名呢？即君君、臣臣、父父、子子，而自从变雅、变风的时代一开始，二百年来，整个社会已成了个君不君、臣不臣、父不父、子不子的世界，成了个如太史公司马迁所谓弑君三十六，亡国五十二，诸侯奔走不得保其社稷者不可胜数的世界。面对这个现实，“孔子惧”。他心想现在是人全不成人样了，这样下去，东西南北四个方向的异类都要杀进来。这现象之所以形成，主要由于上无个圣明天子，他是熟悉历史的人，文武、成康之世，有周召二公之世是这样的么？他的正名的哲学极精致，也极简单，只要君君，自然而然就臣臣，只要父父，自然而然就子子。上梁不正下梁歪，这里面毫无一点神秘。“孔子成《春秋》而乱臣贼子惧”，孟子在这里没有提到“贬天子”的话，因孔子在把《黍离》之诗列于风而不列于雅之时，已严厉地贬了天子了。这以后的天子愈来愈软弱，愈不争气，愈不像个天子样。圣人这时已不寄希望于文武成康的子孙。他对齐桓颇有点赏识（见《史记·管仲传》），后来孟子看上了齐宣王。圣人的思想很解放，很不顽固。宋儒陆象山和他哥哥梭山对这一点都能窥见（见《象山语录》严松记）①，自然他该到处受到诸侯的“害”和大夫的“壅”。

孔子的头脑是极清醒的，他心想我作《春秋》成日价贬天子、退诸侯、讨大夫，我毕竟算个老几呢？“《春秋》，天子之事也。”原来当初文武、成康之世，政教是合一的，有政权者有教权，受教育者基本上都是《周礼·保氏》篇所谓国子，加上经过选择的“凡民之

① 有问松：“孟子说诸侯以王道是行王道以尊周室，抑是行王道以得天位。”松以问梭山，梭山云：“得天位。”松曰：“何以解后世疑孟子教诸侯篡夺之罪。”梭山云：“民为贵，社稷次之，君为轻。”先生（象山）再三称叹。

俊秀者”。国子即天子的太子及诸侯卿大夫的世子以及他们的其他子侄，都是有贵族血统和身份的人。学习的便是虞、夏、殷、周之书，即《诗》、《书》、《易》、《礼》、《乐》，学成后则子就父业为世官，世官自有世禄（参看《周礼·保氏篇》及章太炎《驳建立孔教议》）。自天子以下大大小小的贵族都是物质贵族兼精神贵族。先秦古籍之所谓君子即贵族的异语。凡民之俊秀者既和贵族一同受到了培养贵族的教育，自然也就挤入了贵族的行列，有官有世禄。故西周的学术文化便是王官的学术文化。

这以上说明西周的奴隶主贵族是非常高明的，其所定制度在当时是很高级的，在这制度下，天子及诸侯都各有其国，卿大夫以下都各有其家。卿大夫的家有家臣，有家甲，有封邑，实质也就是个小型的国；再次一等的也都各有其官，有一份世禄可食。从天子到公、侯、伯、子、男到卿大夫，从上到下都只有一种非常松散的关系[①]，故这套制度能持续三百余年之久，至夷王懿王时代王室始不纲，厉王暴虐，幽王淫昏，王室始大坏，以崩溃终。然由于有官守者从上到下，都有一份相对的权力，厉王暴虐，公卿便有权可以流放他，组织一个由公侯大臣们代替宣王（幽王的太子，王位的合法接班人）的临时政权，处理政务。这临时政权号称“共和”。史官又按幽、厉二王的政治的实质而谥之曰“幽”、“厉”。孟子说这恶名一立，虽孝子慈孙百世不能改。我们中华民族的史学特别发达，史责特别尊严，史官秉笔直书，这优良传统到了春秋衰微之世犹有存者，并未斩尽灭绝，故在齐有太史之简，在晋有董狐之笔，为了忠于史官的职责，不惜牺牲生命与妄图歪曲历史真实的恶势力拼搏。这不但求之于印度不可多得，印度只有美丽的神话，没有历史，求之于世界各文明古国，恐怕哪一国也没有我们中华民族的史籍丰富充实完备。这难道不值得自豪么？无论诗

---

① 见王船山：《诗广传》。

书、百家语及近代大史学家王国维据金文及甲骨文的研究，殷周都没有奴隶暴动像罗马那样的残酷的故事。这不值得我们仔细玩味么？

在西周时代，没有像后一个时代的出卖风云雷雨的，苏秦、张仪式的唯恐天下不乱的政客，所谓纵横家，这有什么不好呢？也没有自称为哲学家，自称为诗人，待价而沽的所谓精神贵族，这又有什么不好呢？当时的社会根本不需要抱打不平的英雄好汉，所谓国士之风完全是衰世的产物，这正如老哲学家在其五千言中所说的“六亲不和，有孝慈，国家昏乱，有忠臣”，这又有什么不好呢？这个时代正是诗的黄金时代，从贵族到小民贱妇，个个都是诗人，但无论是盛世的大雅，及王纲解纽以后的变风及变雅，没有一个诗人把诗作为吟风弄月的工具，没有一个诗人以写诗为乞求衣食的工具，没有一个诗人是六朝以后的所谓写诗的名士。这正如太史公在自序里所说：“《诗》三百篇，大抵圣贤发愤之所为作也。”太史公这“圣贤发愤”四个字，真如一巴掌打下去五个手指头血印。从贵族到小民贱妇凡作诗者，无一不是圣贤发愤的精神结晶。

现在我们可以来分析、来理解孔子作《春秋》时的痛苦心情和矛盾心情了。他作《春秋》时是个没落贵族，不是世官，没有世禄。他作《春秋》是以匹夫之细而夺天子之柄。但这个罪名他万万承担不起，事实上也不是那么回事，因当时天子已失位，王官也已失守，天下已经大乱，人民已处于水深火热之中。孔子有一条根本思想：“鸟兽不可与同群。”“人”，这一概念对于他是神圣的，无比高贵不可亵渎的，他不能离开他们，他不能学那班讽刺他嘲笑他的清高隐士们，他要救世，救得了救不了，那是另一回事。从哪儿下手呢？从作《春秋》，从正名下手，至于知我罪我，付之悠悠之口，付之天下后世。

以上根据孟子和司马迁提供的线索，孔子的作《春秋》，其意义殆同于《水浒传》中天王晁盖和他的心腹兄弟宋江在梁山泊忠义堂上的替天行道差不多，实在都是出于无可奈何，万不得已。如生在宋明程、朱、陆、王之世，我决无胆勇说这样得罪于名教的话。我确认为事情就是这样，毫无神秘之处。孔子认为道总是要行的，天能不能替呢？他认为他能替也得替，不能替也得替。他配不配替呢？配替也得替，不配替也得替。当世已无圣王，这是明摆着的，当世有一大批头脑清醒而又聪明乖巧的人都去当了隐士，那些人能撂挑子，他却不能。他还有一条根本思想："知其不可为而为之。"当我们中华民族处在极黑暗极困难的时期，鲁迅先生曾有一句名言："绝望之为虚妄，正与希望相等。"这太像孔子的话了。就是这点精神使鲁迅紧跟上了我们的党。真如同苏格拉底和耶稣基督一样，在任何困难面前，乃至在死亡面前，他不知道什么叫悲观绝望。他所以能如此，因为他不是"临济小厮儿，只具一只眼"①，他怀念宗周文、武、周公的太平安定的盛世，但他同时也看得很清楚，当时有季梁、宫之奇、百里奚、魏颗、郳文公、郑子产这一大批贤士大夫和小国贤侯，他们具有开明进步的精神境界，虞、夏、殷、周之书里几曾见过这样卓越的人物。这批人物都是他的老师，他是个最善于学习的人，他生在他们之后，吸收了他们的精神而集大成于他一身；完成了他的民本主义的政治哲学、道德伦理学。他赞美自己说："其为人也，发奋忘食，乐以忘忧，不知老之将至云尔。"孔子的精神境界正是这样的美好。一个人能知道怎样对待困穷，对待死亡，对待晚景，这是很不容易的事。于是孔子作《春秋》替天行道，这一替，其影响之大，后果之深且广，简直无法估量、无法计算。

当孔丘周游列国到处碰壁，又回到鲁国来，一心一意从事于他的万古千秋的神圣事业时，他理直气壮地以他个人的身份聚徒讲学，向愿意来向他学习的人们征收物资以维持他的生活，他是我国历史上第一个教书匠。首先这一点就值得大书特书。他并不认为这不高

---

① 语本《五灯会元》，临济被讥为只眼祖师，虽只有一只眼，而极锐利。

尚，因为他和任何人都一样是要吃饭的。他也没有认为这有什么了不起。《太史公自序》记载了他的话："我欲托之空言，不如见诸行事之深切著明也。"这说明他如能得位行道，他是要去做官的，这样，可以使老百姓立刻直接得到好处。此路对他不通，那么，只有拣他所能走的路子走。他招生的对象是：有教无类，即不分贵族与平民都一炉而治。这在当时对西周的王官的教育制度还够得上说是一次革命行动。从此开始了战国时代白衣将相之局。章太炎说：从这以后"阶级荡平，寒素上遂"。他又说："使无孔子则宪章不传，学术不振，则国沦戎狄而不复，民陷卑贱而不升。"太炎这段话，从历史发展的观点，论定孔子，字字都上天秤称过（见《驳建立孔教议》）。孔子当时并未意识到他的私人讲学，有教无类的做法的影响之深且广，到底达到什么程度。他的教材便是经他整理过的传统的虞、夏、殷、周之书，一面整理一面教，一面教一面和高材生共同整理，一部《论语》是留下的见证。他公然把《春秋》和百王之旧典，平列在一起作为教材。他又很谦虚地说：严格地讲《春秋》也算不得是他的私家著作，因为其事则齐桓、晋文，其文则史，其义则丘窃取之矣。窃取者，该贬则贬，该褒则褒，全以周公之心为心，全无他任何一点个人的私心杂念，此之谓述而不作。他门下的三千、七十或有得于《诗》、《书》，或有得于《礼》、《乐》，或投身于现实政治，一方面经商，一方面从事现实政治活动。于是至战国后期而儒分为八（见《韩非子·显学篇》）。凡以上孔子所作所为，无一不是当时的创举。孔子和他的三千、七十在当时都是春秋以前历史上从来不曾有过的人物，在当时都是崭新的人物。然而他却又言必称尧舜，时常要梦见周公。从孔子以后，社会上开始有了非农非工非商，亦非王公侯伯、卿大夫的士的特殊阶层，典型的所谓精神贵族（像子贡那样也经营商业，也奔走于诸侯之间，起一定政治作用，实质上他和以经商为专业的商人绝不一样）。赵翼所谓白衣将相之局，几乎是大圣人一手造成的。荀卿在其《解蔽篇》中说:“圣也者，尽伦者也；王也者，尽制者也；两尽者，足以为天下极矣。”这分明是说圣固然离不开王，王也万万离不开圣，一圣一王，精神贵族辅佐政治贵族共治天下。故荀子在其《儒效篇》中又说:“大儒者，天子三公也。小儒者，诸侯卿大夫士也（“侯”字下，“卿”字上省去一“之”字）。”战国前期儒家的孟子认为儒家只能以帝王师的身份去和帝王共事。荀子的时代去秦始皇统一六国已不太远了。荀卿培养的学生李斯和韩非都成为法家，以法家的铁扫帚成为秦始皇统一六国的助手。这段故事有趣极了，也重要极了，留待下一章专题论述。

由于以仲尼为首，大开门庭，聚徒讲学，于是墨家、道家、名家、法家、纵横家、农家、阴阳家等，尤而效之，接踵而起，如疾风骤雨，横扫残余的周制如卷席，把王官之学的整齐划一的一个世界变为九流十家互争雄长的子学家的世界，即哲学家的世界。这是意识形态空前未有的一次大变化。从这个意义上讲，九流十家应该说都出于孔丘；或者说出于老聃和孔丘，或者说以孔老为枢纽；因为道家者流以庄周为主要核心人物，成立为一个学派，虽然在后，是受了孔丘的刺激，但中国哲学的始祖却是老聃，是他在五千言中首先提出了“道”这个基本概念。孔丘随时随地都在找老师、拜老师，他曾去洛阳问礼于老子，受到老子的教训。孔子的儒家和老庄的道家，异也，然而有其同。庄子的道家和老子的道家，同也有其异。他们之间的关系是错综复杂的。

从齐物的哲人
到哀怨的骚人

《庄子·齐物论》疏解

南郭子綦隐几而坐，仰天而嘘，荅焉似丧其耦。颜成子游立侍乎前，曰："何居乎？形固可使如槁木，而心固可使如死灰乎？今之隐几者，非昔之隐几者也。"子綦曰："偃，不亦善乎，而问之也！今者吾丧我，汝知之乎？女闻人籁而未闻地籁，女闻地籁而未闻天籁夫！"子游曰："敢问其方。"子綦曰："夫大块噫气，其名为风。是唯无作，作则万窍怒呺。而独不闻之翏翏乎？山林之畏佳，大木百围之窍穴，似鼻、似口、似耳、似枅、似圈、似臼、似洼者、似污者；激者、謞者、叱者、吸者、叫者、譹者、宎者、咬者，前者唱于而随者唱喁。泠风则小和，飘风则大和，厉风济则众窍为虚。而独不见之调调，之刀刀乎？"子游曰："地籁则众窍是已，人籁则比竹是已。敢问天籁。"子綦曰："夫吹万不同，而使其自己也，咸其自取，怒者其谁邪？"

【疏】南郭子綦可以看作庄周的化身。庄子"寓言十九"，看作"无是"公、"乌有"先生亦可。南郭子綦抬起头来，向天上吐了一口气，看上去好像是丧失了他的匹耦。"丧耦"是哲学上的一种神秘境界，即作为南郭子綦的对立物的客观世界消失了，这是庄周所谓"真人"、"至人"、"天人"所特有的境界。"神秘"一语，意谓不可思议，庄周及西方斯宾诺莎等人的哲学属于此类；另指一种低级的乌烟瘴气的迷信，如“一贯道”之流。《齐物论》入手就标出这个境界，故“解脱出世”是一篇的论旨。王船山说：“我丧而耦丧，耦丧而我丧；无则俱无。”[①]论中单提“丧耦”，其实举一摄二。外不见物，内不见我。这还不是神秘境界么？庄周认为：物与我的对立是一切烦恼痛苦的根源（论中第二段对此有详尽分析）。要消灭烦恼痛苦，唯有从根本上消灭这个对立。这是庄周哲学的逻辑思维的道路。这并不是庄周一人所独有，神秘主义者基本上都是这个看法（现暂不深谈下去）。子綦在未丧耦时，也和人们一样，烦恼痛苦如大毒蛇缠住他的灵魂。一朝丧耦，即消灭了物与我的对立时，立刻感到一种卸下了万斤重担般的轻松愉快。“仰天而嘘”就是这样一种心情。严复说：“由无常以入常存，由烦恼而归极乐，所得至为不可言喻。故如渴马奔泉，久客思返。”[②]这说明这一派神秘主义哲人的精神状态极深刻中肯。颜成子游大概是南郭子綦的学生。子綦的丧耦是质变。未丧耦以前，他和一般人一样。子游感觉到如今凭几而坐的老师，和一向凭几而坐的老师判若两人了，故发出好奇的询问。如槁木不就是槁木，如死灰也不就是死灰。这两个“如”字的用法和《论语》“祭如在，祭神如神在”的“如”字用法相同，也和《道德经》“如婴儿之未孩”的“如”字用法相同。既曰如在，分明是说祖宗和神都不在。老子说如婴儿之未孩，他也不是要成年人都完全变得跟婴儿一样。这当然不可能。哪儿有婴儿写《道德经》那样精深的哲学的怪事？他说“大智若愚”，若愚也不等于真正愚蠢。据上，庄周也不是要把人都变成真正的槁木、死灰，那又有何意趣（疏第二段时再谈此问题）！因子游发出好奇的询问，子綦才说：“你这一问，问得很好。你既意识到我的精神生活起了本质的变化，那就不妨和你谈

① 见王船山：《庄子解》。

② 见严复译：《天演论》论十，按语。

谈。”按：作为一般人的子游只有一个世界，作为神秘主义的哲人的子綦则有两个世界，即消灭了物我对立和物我对立的世界。他能出入于这两个世界而自在游戏。这是理解这一派神秘主义哲学的诀窍。如今把上文所说第一个世界叫作绝对世界，第二个世界叫作相对世界。《齐物论》以下的文章，都是子綦从绝对世界回到相对世界中来，对他的弟子演说绝对世界的美妙风光。因他已破相对，入绝对，故身体虽在相对世界中，而精神则寄托于绝对。绝对世界是他安身立命的家乡，到相对世界中来是作客，是游戏红尘。掌握了这个特殊逻辑，则《齐物论》并不难懂。天籁、地籁、人籁，都是象征性的语言。天籁就是绝对，地籁、人籁都是相对。子綦的意思是说：“你不知道有绝对世界的存在，不知道我在丧耦时精神向绝对世界的直升飞跃，见我形如槁木而心如死灰当然就要觉得奇怪了。”按：懂了这第一段，对一篇《齐物论》也就差不多了。子綦刚想开口对子游演说绝对世界的美妙风光，立刻又把嘴闭上了——原来绝对的神秘境界根本不是语言、文字表达的对象。语言文字本身就是相对世界，物我对立后的产物。现以一句最简单的语言“我爱你”作为例证：说这句话时，首先肯定了“我”和“你”的区别，“我”和“你”的对立，再用“爱”的关系，把“我”和“你”联系起来。在丧耦丧我的世界里根本没有这回事，当然也就不可能有这句话。这是一句最简单的语言，其他复杂精致的语言无一不是在这个区别上即主客内外对立的基础上产生的。神秘境界的美妙风光是在“丧耦”、“丧我”以后获得的，故语言文字对它完全无能为力，这是摆在子綦面前的一个无法克服的困难，于是他只有请子游欣赏万窍怒号的风声。大块噫气的风比喻神秘的绝对。绝对对于一切都是平等无私的。可是平等无私的大块噫气和山林之畏佳，大木“百围之窍穴，似鼻、似口、似耳、似枅、似圈、似臼、似洼者、似污者”一结合，就会发出激者、謞者、叱者、吸者、叫者、譹者、宎者、咬者各种不同的声音。

这就是地籁。大块一停止噫气，什么声音都没有了。这不同的声音是相对的，只是现象上的区别，但有平等的无私的绝对运行于其中。子綦请子游听万窍怒号的风声，就是希望他能透过相对的差别而契会平等无私的绝对。天籁即在地籁之中，绝对即在相对之中。这样说了，子游仍不懂。因之他又问："你所谓地籁即众窍的声音。人籁我也懂，不消说得。天籁毕竟是什么呢？"子綦回答道："万窍发出的不同的声音都决定于万窍的本身。"这就是所谓"咸其自取"，"怒者其谁邪"？"怒"即"努"[①]。离了万窍去追求造成这千差万异的主宰是必然落空。《天运篇》："孰主张是？孰维纲是？"这两句即"怒者其谁"的注脚。虽是疑问句，却都是表示肯定的意思。这一句点醒子游：根本没有相对以外的绝对。以上大体概括了《齐物论》的理论程序。第一步，破相对、入绝对；第二步，由绝对重新回到相对。《齐物论》也还是相对世界的产物，故《齐物论》并未直接谈绝对，而是说相对中处处有个绝对在。

大知闲闲，小知间间；大言炎炎，小言詹詹；其寐也魂交，其觉也形开。与接为构，日以心斗。缦者、窖者、密者。小恐惴惴，大恐缦缦。其发若机栝，其司是非之谓也；其留如诅盟，其守胜之谓也；其杀若秋冬，以言其日消也；其溺之所为之，不可使复之也；其厌也如缄，以言其老洫也；近死之心，莫使复阳也。喜怒哀乐，虑叹变慹，姚佚启态；乐出虚，蒸成菌。日夜相代乎前，而莫知其所萌。已乎，已乎！旦暮得此，其所由以生乎！

【疏】以上是论文的第二段。把这段文章疏释明白，则《齐物论》是一篇解脱出世的哲学就愈加显明了。这一段，作者企图通过

---

① 见章太炎：《齐物论释》。

心理分析来说明人们陷于物我对立的世界的烦恼痛苦。这段文章实质上和《道德五千言》一样，是篇哲理诗。作者对人生的忧患、人类的弱点体会得极深，这当然因为他生在混乱动荡的战国时代的缘故。由于文献不足，我们不甚知道庄周的身世。这是十分可惜的事。以解脱出世为宗旨的哲学是不是必然意味着像德国的叔本华那样带着消极厌世的色彩呢？我们读下去再说罢。开首四句，王船山对此有中肯的发挥。他说："小者，非独小也，以大形之而见为小；大者非能大也，临乎小而见为大。然则闲闲者亦间间耳，炎炎者亦詹詹耳。"[①]作者在这里是对大知、小知、大言、小言作平等否定。理由已见上文第一段的疏释。一切相对中都有绝对。大知、大言也不过是相对中的绝对，小知、小言也还是相对中的绝对。但是，人们却迷于现象上的差别，看不到一切存在都同样是相对中的绝对。于是大知和小知，大言和小言之间纠纷无穷，风波无穷。作者认为：一个好好的清净世界闹得乌烟瘴气，都是由于这个缘故。"寐也魂交"是说由于白天的生活过分紧张，夜晚灵魂也得不到休息；不是在梦境中和亲人拥抱，便是在梦境中和仇敌搏斗。梦境中尚且如此，白天更不必说了。"与接为构，日以心斗。"[②]这八个字括尽了情场中、论坛上，以及争名于朝、争利于市的人物的形象。庄周写这两句文章当然有他当时的真实具体感受。"接"乃五官之所接，即感觉对象。他认为：人们和任何事物一接触，斗争立即展开。这虽不免有点夸大，但基本上是极深刻的对内心生活的观照。这样说来，人们不但和仇敌和所憎恨的人在斗争，和心爱的人也无时不在斗争。古典诗歌小说中，"情人"的另一个称呼是"冤家"。这深可玩味。人们往往只知道冤家是冤家，殊不知情人也是冤家。我们若无庄周的具

---

① 见王船山：《庄子解》。

② "与接为构，日以心斗。"二语不但精绝，也说明庄子并非是个心肠冰冷的人。有一些思想家对他正是这样看的。

体真实感受，不妨从一部《红楼梦》中找这两句话的具体例证。缦者、窖者、密者，这说明潜意识的作用。缦者，巾车也。人们意识中蕴藏着的思想和情绪，两个字可以括尽：爱和恨。但是，在一种情况下，心有所爱而不敢爱，心有所恨而不敢恨。例如《水浒》中的英雄林冲，他恨极了那个帮闲起家的高二，但见了高二时还得称他“恩相太尉”。再如：英国18世纪的文学家戈斯密斯，他心爱一个女人，却一辈子未敢向她吐露过爱情，因戈斯密斯不但自知相貌丑陋，而且一辈子潦倒名场、风尘困顿。他一方面有极强烈的自尊心，另一方面又有极强烈的自卑感。基于自卑，不敢向对方求爱；基于自尊，也不能向对方求爱——即使对方相信自己求爱的心是纯洁的，他自己又担心条件不够，不能使对方过幸福的生活。那么，就此丢开手行不行呢？又丢不开。就这么痛苦了一辈子（参看美国文学家华盛顿·欧文所著《戈斯密斯传》）。这一种缠绵固结执着难化的情绪，积日既久，便压到潜意识中去。这比什么都痛苦。庄周见到了这个问题，想替人们解决这个问题。这种有心病的人不敢喝酒，也不敢和人同宿，怕酒后和睡梦中会说出平时绝无胆量说的话来。小恐、大恐二句文义甚明。如上文所述有心病的人，当然不能免于挂碍、恐怖[①]。“其发若机栝，其司是非之谓也。”“司”即今“伺”[②]。这是说：压积在潜意识中的爱和恨，并没有睡着，它在伺察着，一有机会，它便发若机栝。如一个射手，他举着枪，聚精会神地监视着敌手的动静。“其留如诅盟，其守胜之谓也。”“胜”和“司”通，也就是今天的“伺”字[③]。这是说：人们储藏在潜意识中的爱和恨是那样执着难化、根深蒂固。“留如诅盟”这四个字异常深刻。像林冲对高二的深仇大恨，任凭你活佛出世也化解不了。齐襄公复九世之仇，

① 孟郊诗云：“出门即是碍，谁谓天地宽。”这位诗人该读读《庄子》。大有好处。

② 章太炎：《庄子解故》。

③ 章太炎：《庄子解故》。

也是“留如诅盟”的一个很典型的例证[①]。中外浪漫诗歌小说中所写的痴男怨女的情事，都可以看作“留如诅盟”的注脚。得到机会时便“发若机栝”，得不到机会时便“留如诅盟”。别说以上引述的这类深仇宿怨，即使偶尔口角伤人，礼数上轻慢了人，对方有时也会记在心里，恨你一辈子。旧时代的短书小记中对此也有大量记载。所以颜之推在家训中告诫他的儿子说：“沙砾所伤，惨于矛戟；讽刺之祸，速乎风尘。切宜诫之，以葆元吉。”[②]庄周特别强调人生忧患的一方面，对这方面他异常敏感，知道的也特别多，但人生当然也还是有温暖的一方面，他也并非不知。这以下“其杀若秋冬，以言其日消也”。爱和恨紧密联系着哀和乐。“哀乐伤人”是六朝人的旧话，正是来自庄周。推庄周之意，一个人生活在爱、恨、哀、乐、恐惧、牵挂的过分紧张空气中，无时无刻不在从事于心理战、神经战，这会把人锻炼得深刻、矜持，步步留心、处处存神，像司马仲达一样，性深阻如城府，成为一代的大奸雄。假使一个家庭，乃至一个社会，其成员都是一句话不敢多说，一步路不敢多走，则这个家庭绝不是一个幸福的家庭，这个社会也绝不是一个健康的社会。这样，必将会产生大大小小、不知其数的司马仲达，结果是鸢飞鱼跃的自然情趣毁灭得一干二净，坦荡天真的朴素胸怀毁灭得一干二净，秋肃满天下，春温一点也没有了。这可见庄周是很喜欢春温的。道家的老子赞美人生的婴儿状态，其密意也就在此。这就证明：入手写子綦形如槁木而心如死灰，并非说人应等同于槁木死灰，只是说在爱和恨的关头谨防失足，一失足便如春蚕作茧，不能自拔；要避免为外物所引、陷于被动而失去主动权，必须如槁木、如死灰。根据庄周的哲学，这是功夫，是方法，也是功夫方法所达到的最高境界。功夫、方法可

① 庄子对人们心理的观察，其深刻可谓得未曾有。他绝不是个冷骨冷肠的人。

② 《颜氏家训》卷四《文章篇》。

得而言，最高境界的具体内容不可得而说。这，不可说，不可说！“其溺之所为之不可使复之也！”以感叹不可说作一小结。爱和恨都是苦海，一陷溺进去便不能自拔了。“其厌也如缄，以言其老洫也。”“厌”即今“压”字。“洫”有二解：一、洫者尽也；二、洫者满也。这是从两个方面来说明“老洫”的境况。从一方面说，青春的活力、生命的火花全完了；从另一方面说，一个人到了这个地步是完全物化了。司马迁所谓“凡有血气者无不斗”，孟子所谓“人之所以异于禽兽者几希”，到了“老洫”的地步，就连这“几希”的一点“血气”都没有了。所以，根据斯宾诺莎的哲学，一个真正的哲人，一辈子永远只考虑“生”的问题，永远不考虑“死”的问题，因为死后的问题是无法考虑的。什么时候一考虑“死”的问题，他就失去了哲人的资格（参看罗素著《西方哲学史》及斯宾诺莎的《伦理学》）。斯宾诺莎的这段话和我国先秦时的圣人的话若合符契。当有人问孔子关于鬼神的问题时，孔子说：“未能事人，焉能事鬼。”又说：“未知生，焉知死！”一个人到了老洫的地步时，其身虽存，其趣已鬼矣。曹孟德是懂得人应当如何对付自己的老境的，所以说“烈士暮年，壮心不已”。这是英雄人物的襟怀。在漫长的一部历史中，像魏武帝这样的人物，毕竟也不是太多的。一般人则大致如孔子所说：青年时代迷恋异性，唯怀婚媾；壮年时代好勇斗狠；老来好货。明朝的和尚莲池大师，在其《竹窗随笔》一书中说：人的一生一世，不可能没有一点爱好，而以好货为最下流。即便是用正当的手段得来的财物，遇到穷困的亲友，分文不肯帮助，这也是可耻可鄙的；假如用不正当的手段如贪污盗窃以取货，那当然就比下流更下流了。庄周的“其压也如缄，以言其老洫也”一语，正是针对这样的人而发。衰老之时，好色、好斗之心并未连根拔去，只是本钱没有了，在风流浪漫的场合已无好身手可资表现，故移好色、好斗之情为好货，这是每下愈况的“三部曲”，这就叫作“厌也如缄”。分析其本质，还是个当年的浪子，还是个当年的暴徒，“三部曲”其实还只是“一部曲”。衰老后貌似安静本分，其实如上文所说“其趣已鬼”，并不真就安静本分，而只是“厌也如缄”。这就叫作“老洫”。一个人少壮不努力，老来不知闭门伤悲，更说不上壮心不已——因本非烈士，本无壮心。意识深处，毫不自觉；藏垢纳污，具一切恶。“近死之心，莫使复阳”是对这样老不成材的呵斥。无好色、好斗之能，不是无其心。无其能故只有把这个心压下去。无其能故亦无其行。虽无其行而不是无其心，所谓跛者不忘履，盲者不忘视也。以下，喜、怒、哀、乐……，是对人生形形色色心理状态的总概括。这都是物我对立的后果。丧我、丧耦之后，这一切就自然都没有了，故譬之于乐之出于虚、蒸之成为菌。所以子綦在丧我之时，仰天而嘘，卸下了万斤重担后的轻松愉快，不是语言文字所能描绘的。未卸万斤重担以前，固然无法说。在未卸万斤重担以前，庄周认为人们无一个不是日日夜夜在喜、怒、哀、乐等之中打圈圈，像热锅上的蚂蚁，像扑火的灯蛾，像作茧的春蚕，像蒸笼里的螃蟹，可不为大哀乎？唯一的出路，是从根本上消灭这个物我的对立。“旦暮得此，其所由以生乎！”“此”就指人生的这唯一正确的道路。庄周认为要得到这个，才算真正掌握了“生”的意义。这段论文从大知、小知、大言、小言发端，最吃紧的是“与接为构，日以心斗”这两句话。

非彼无我，非我无所取。是亦近矣，而不知其所为使。若有真宰，而特不得其眹。可行已信，而不见其形，有情而无形。百骸，九窍，六藏，赅而存焉，吾谁与为亲？汝皆说之乎？其有私焉？如是皆有为臣妾乎？其臣妾不足以相治乎？其递相为君臣乎？其有真君存焉？如求得其情与不得，无益损乎其真。一受其成形，不亡以待尽。与物相刃相靡，其行尽如驰，而莫之能止，不亦悲乎！终身役役而不见其成功，苶然疲役而不知其所归，可不哀邪！人谓之不死，奚益！其形化，其心与之然，可不谓大哀乎？人之生也，固若是芒乎？其我独芒，而人亦有不芒者乎？夫随其成心而师之，谁独且无师乎？奚必知代而心自取者有之？愚者与有焉。未成乎心而有是非，是今日适越而昔至也。是以无有为有。无有为有，虽有神禹，且不能知，吾独且奈何哉！

【疏】以上是论文的第三段。第二段已通过心理分析说明人们陷溺在物我对立的世界中的烦恼痛苦。假如这个对立是最根本的，则解脱出世便无从谈起，只有任其一直烦恼痛苦下去。但庄子说：好在不是这样。这怎么不是最根本的？对于今天的大多数人来说是无法理解的①。本段于是通过逻辑分析破“我”——既破“我”，就说明了所有烦恼痛苦，都是天下本无事，庸人自扰之，无异于白日见鬼。“非我无所取”的“取”字意义很深刻。“取”的反面就是“舍”，有所“取”就必然有所“舍”。取舍就包含着爱憎。人们认识客观世界，总是始于感觉的初步接触，而终于有所取舍。这是人们认识了客观对立物的最后阶段。故“取”就是最深刻的认识，即主观对客观的判断。主观认识客观的过程至此完成了。“取”的一方面是所取者，另一方面是能取者。这个能取者，当然就是造成烦恼痛苦的根源的“我”，所以作者说“非我无所取”。无所取，亦无所舍，还有什么烦恼痛苦呢？因彼我的对立，占主动地位的毕竟是“我”，“我”丧了，“彼”也就跟着丧了。“是亦近矣。”近者，近乎道也。懂得了“非彼无我，非我无所取”，对解脱出世便有了门路了。“而不知其所为使。”这一句是问：人们迷于差别的现象，无中生有，白昼见鬼，造成极大的烦恼痛苦，这毕竟是怎么回事？谁

---

① 庄周提出的问题无疑是正确的，成问题的是解决问题的方法，但也很难说庄周的方法全不对，一无是处。

造成的？又是如何造成的？“非彼无我，非我无所取”的道理，作者认为应该并不难懂。“若有真宰，而特不得其眹。”当人们陷溺在爱和恨的苦海中不能自拔时，完全处于被动，成了外物的奴隶。这就是陶渊明所谓“心为形役”，也就是孟子所谓“物交物则引之而已矣”（道家者流和儒家者流，异也，有其同。请参看郭沫若《十批判书》对庄子的分析批判）。真宰即当家的主人翁。这时主人翁实际上已不存在——非不存在，只是在迷惘时要找他，却连一点迹象也没有。按：作者对真宰显然是肯定的。当物、我对立时，真宰不见了，说是失权似更妥当些。当物、我的对立消灭后，所谓真宰怎样存在法？怎样当家作主？这是神秘境界，作者自己也没有说，因这不可说，不可说。千万不可以把庄生所谓真宰拉扯到基督教的上帝身上去。庄生不相信有超越的人格神的存在。“可行已信，而不见其形，有情而无形。”作者诘问：人们喊得震天价响的“我”，毕竟是个什么东西？人们对它毫不怀疑，人们的主观成日价在对客观世界作判断。这就叫作“可行已信”，殊不知这个能取者却是个有情而无形的怪物。这以下便反复破“我”。他问道：人有百骸、九窍、六藏，所谓“我”者，是“百骸”中的哪一骸？“九窍”中的哪一窍？“六藏”中的哪一藏？“谁与为亲”的“谁”字即指百骸、九窍、六藏。“谁”字宾语前置，主语“汝”字省略。下两句：“汝皆说之乎？其有私焉？”郭象说：“皆说之，则是有所私也。”注错了。这是说：你还是对百骸、九窍、六藏作等量齐观呢，还是从百骸（或九窍、或六藏）中选择其一名之为“我”呢？显然二者都有困难。如对之作等量齐观，则有无数的“我”，事实上“我”只有一个，也只应该有一个，如选拔一个名之为“我”，那么，选拔哪一个？以下三句虽故作迷离惝怳之笔，作者的意思是十分肯定的。百骸、九窍、六藏，都是臣妾固不成，必须有一个是君，那么，谁是君呢？轮流坐庄也不成。“其有真君存焉？”真君即上文真宰。真宰肯定是有的，但既不在百骸、九窍、六藏之中，也不能超越乎百骸、九窍、六藏之外。消灭了主观和客观的对立，真宰就自然显露。说到这里，又无法往下说了。按：人们往往“丁”字式的脚步立定，左手托腰，右手指着自己的鼻头大喊一声：“我就在这里，谁敢来碰一碰？”看上去很了不起，很像个英雄。每一个人的“我”，都有无限庄严与神圣，碰不得，一碰立刻便是纠纷，便是风波。庄周觉得这可笑得很。他反问道：你所谓“我”在什么地方？毕竟是个什么东西？你用手指着鼻头，割去了你的鼻头还有你的“我”没有？庄周通过逻辑分析，说明所谓“我”者，实在是个糊涂观念，其范围就不明确，问你自己时，你也说不清楚。那么，是亦不可以已乎？这一种逻辑分析方法，亦非庄周所独有。英国19世纪的新黑格尔派，六朝人伪造的一部佛经《楞严经》中有一段“七处征心”的名文，用的也都是这方法。这不必是谁抄谁，谁影响谁，只要思想走上了同一个类型，便会有大致相同的哲学语言。说“此心同，此理同”，又说“人心不同各如其面”，这两句话都对，它们分属于两个不同范畴。“如求得其情与不得，无益损乎其真。”“真”即“真君”或“真宰”的省语，破了“我”以后自然呈露的一种神秘境界。这个神秘境界庄周认为是自存的。人们求得其情，它固然存在着，人们不求它，或求而不得其情，它还是存在的。人们求得其情，对它不增加一点；人们不求它，或求而不得其情，对它不减损一点。“一受其成形，不亡以待尽。与物相刃相靡，其行尽如驰，而莫之能止，不亦悲乎？”一个人的（精神和肉体两方面的）生命，是从父精母血在母体中成胎开始的，而成胎亦即是“成形”的发端。任何一个人诞临人世，其主观心理、精神生命，绝不是一张白纸，如英国经验派哲学家洛克所说。“与物相刃相靡”一语，遥承上文第二段“与接为构，日以心斗”。此所谓“物”，主要指人，即每一个人所热爱的人及所仇视、敌视的人，当然也包括得之则生、弗得则死的资生必需之物和必要的精神养料。人，无不与其所热爱或所仇视、敌视之人以白刃互相拼搏，直至消耗尽了彼此的肉体生命与精神生命。按：白刃应该兼指真刀真枪及精神上形形色色的硬的软的各种折腾。这就是庄周所描绘的充塞乎宇宙间的一场混战厮杀的场面。这是何等惊心动魄的场面！“其行尽如驰，而莫之能止，不亦悲乎？”上寿不过百年，眼睛一眨，一辈子便过去了。人们在未死以前，如缺乏理性的自觉，都只能是在混战厮杀中等待死亡的到来。这难道不值得伤悲么？这难道不可怜可笑么？安娜之与沃伦斯基，贾宝玉之与林、薛，不就是这样吗？按：根据庄生的哲学，其对于“生”有他的特别严格的定义，必须是从“与接为构，日以心斗”的格局中超脱出来的圣哲如孔丘、孟轲、斯宾诺莎等，才配算是生在这个世上。当然古往今来，够这格的也绝不止他们三位，实在大有人在，只是有的知名，有的不知名。不知名和知名，对他们都一样。如孔门七十二大贤，名字见于《论语》、《孟子》、《荀子》及《史记》（《孔子世家》、《仲尼弟子列传》）者，数来数去，恐怕只有一半，也许一半多几个，也许还少几个。如有人感兴趣，可云数。必须是真正生在世上的人，才算不曾白活了这一辈子；凡“不亡以待尽”的人，是活在世上等死的人。“不亡以待尽”者，忙忙碌碌，辛辛苦苦，凄凄惨惨，患得患失，担惊受怕，活了一辈子，何曾有一天是心安理得地度过的？实在太不值得。从“苶然疲役而不知其所归”一语，可以设想庄周的化身南郭子綦丧耦以后，渴马奔泉、久客还乡之乐，这才见出上引严复译《天演论》造语的精确。丧耦的神秘境界是峭壁悬崖、鸟飞不上。但是看他接连三句：“不亦悲乎？”“可不哀邪？”“可不谓大哀乎？”——丧耦的神秘境界对于他似乎是亲亲切切、确确实实的。《山木篇》托于市南子之口说：“少君之费，寡君之欲，虽无粮而乃足。君其涉于江而浮于海，望之而不见其崖，愈往而不知其所穷。送君者皆至崖而返，君自此远矣。”读庄子者，皆“送君者”，大概皆只能“至崖而返”。不必管庄周往哪儿去了，

“送”了一趟，绝非白“送”，尽管“送”后还是回到这现实世界来做个俗人。或问：在第二段心理分析部分，作者列举了喜、怒、哀、乐等十二种精神状态，概比之于乐出虚、蒸成菌，他为什么也有哀乐？他的哀乐是不是也如乐出虚、蒸成菌？这是不是自相矛盾？这一问，问得很好。神秘主义者的最大困难是神秘境界根本无法说。没有这境界的人固然无法说，有这境界的人同样无法说，他们彼此间相视而笑就得；说来说去，只能说到边缘上。庄周的快乐是神秘境界中的快乐，这就根本无法掬以示人，但他偏要掬以示人，故写这篇《齐物论》。这是庄周愚不可及处。《齐物论》中并没有庄周的神秘境界，故也没有庄周的乐处可寻。宋儒教我们“寻孔、颜乐处”。孔、颜乐处是否可得而寻，我尚未研究，庄周的乐处诚不可得而寻。《齐物论》只是一篇文章而已。既只是一篇文章，其逻辑架子、文章结构，可得而言。疏释者可能为力者止于此。至于庄周的悲哀，和人们的悲哀亦应有所区别。他的化身南郭子綦飞跃到神秘的境界中后，本无悲哀可言——他是为人们的“与接为构，日以心斗”而悲哀，为人们的“与物相刃相靡”而悲哀，为人们的“终身役役而不见其成功”而悲哀。或又问：庄周丧耦的神秘境界是不是欺骗？是不是白日梦？是自觉的欺骗还是不自觉的？是不是所有神秘主义者都是欺骗？对上述问题概不答复，怎样看都行。至于我的看法呢？我不说。有一种神秘主义者不写文章，亦对逻辑无兴趣。庄周还写文章，兼注意重视逻辑之美，故对于庄周还可以谈一谈，也应该谈一谈——谈他的逻辑和文章，其神秘境界不妨买椟还珠。让庄周高踞在神秘境界的琼楼玉宇中享受他独有的至乐，同时为我们的“愚昧”而悲哀。如果其神秘境界是欺骗，我们便无珠可还；即使不是欺骗，这粒明珠反正我们也不要。这就把这个问题猛予一刀割断。逻辑和文章之所以应该谈，是因它们有影响，也还有值得学习的东西。“夫随其成心而师之，谁独且无师乎？奚必知代而心自取者有之？愚者与有焉。”这几句文章一直回顾到上文第二段的发端，“大知、小知，大言、小言”。“成心”一词根据本段“一受其成形，不亡以待尽”而来。文章组织极“精工严密”。有了“成形”，就有“成心”。“成心”即今语所谓“偏见”，亦即所谓“习惯势力”。印度佛家叫作“业力”，他们说“业力如山”。这是个大问题。我是哪一国、哪一省、哪一县、哪一乡、哪一村的人，什么家庭出身，受的什么教育，交的什么师友，当时整个社会是什么风气，则我的“成心”便是以上各方面的条件通过各种方式培养起来的。此中情况，如加以仔细分析可以成为一门极有趣味、极有价值的学问。但我有这样或那样的“成心”，毕竟还是由于我自己，所谓咸其自取。不管世道如何艰难，环境怎样恶劣，如有出格高人、过量英豪，还是可以出污泥而不染。庄周认为：小知、小言，固然是“成心”，是偏见，大知、大言又何尝不是？别的东西稀罕，“成心”有什么稀罕呢？还不是人皆有之？“知代”的“代”字，承上文“日夜相代乎前而莫知其所止”，由“相代”构成变化，即时间，由时间变化构成过去、现在、未来三世。知代即有阅历，有丰富知识经验，博古通今，掌故罗胸。“自取”的“取”字，同于上文“非我无所取”的“取”字。庄周说，难道一定要有丰富知识经验，对外界有深刻认识的人才有成心可师吗？愚蠢的人何尝没有？这句话等于说：假如愚蠢的人有的是偏见，读书破万卷，有丰富知识经验，对外界有深刻认识的人，有的也不过是偏见。这句话又等于说：以心取物是根本性的错误——反正外界是不可能认识的，它根本就不是认识的对象，你为什么要起分别心呢？小知、小言固然没有正确的认识，大知、大言亦复如是。这是地地道道的不可知论。按：根据庄周这一说法，从孔、墨、孟、荀……一直到严复、章太炎、鲁迅、王国维和阿Q根本无分上下，都一样。这也真可谓大言炎炎，比打碎黄鹤楼，踢翻鹦鹉洲的李白，口气不知还要大好多倍了。他不但要推倒他以前以及和他同时代的伟大人物，而且还不许他身后出现伟大人物。在《胠箧篇》里，他公然不讳地说要绝圣弃智、塞瞽旷之耳、胶离朱之目、攦工倕之指、削曾史之行、钳杨墨之口。这一段议论，已替法家，替秦皇、李斯鸣锣开道。我们不难从这里看出：各派学术理论之间，千门万户、出此入彼、消息相通，岂不妙哉。要繁荣学术，除却百家争鸣、百花齐放，别无他途。所以者何？曰：盖百家相灭亦相生也，相反亦相成也，故一通则百通，一不通，则百不通。善哉！愈野老人几道先生之言曰："行遍九州，学穷万古，亦但见其汇通而归于一而已矣。"故有儒而后墨兴，有墨而后儒转盛也。[①] 按：上文所谓"百通"，古今中外无此人，非真正要求任何人能百通，只是要求每一个人都该具有这样的器量。不要夸自己的"热门"而瞧不起人家的"冷门"。冬天过去了，把棉袄裤洗刷干净，好好收藏到箱子里去让它休息，把它扔了的是要受到惩罚的。当"烟花三月下扬州"的时候，"明月照积雪，北风劲且哀"的苦寒的季节，总还是要到来的。

阿Q从未庄走到县城。带着未庄培养的成心，看县城的一切全不顺眼。阿Q是毫无自知之明，想用未庄之道改革县城。他诚然可笑，但人们只知道笑阿Q，而不知事有同样可笑者在。带着墨子的成心看孔子，带着孟子的成心看墨子，带着荀子的成心看孟子，降及后世，宋儒二程、朱熹之辈，又打着孟子的旗帜，带着他们的成心观荀子，降及清世，戴震作《原善》及《孟子字义疏证》，又不打荀子的旗帜而站在荀子立场上批孟子，批孟子而实质上又是"项庄舞剑"，意在朱熹——当然也是带着戴震自己的成心。诸公衮衮，其可笑处正和阿Q伯仲之间耳（参看章学诚《文史通义·朱陆篇》）。

---

① 直到今天我才算对太史公作《史记》，以老、庄与申、韩合传的深意有了较深刻的体会。文景用黄老，以简静治天下。道家说：仁义乃先王之敝庐，只可以一宿，半个世纪后，武帝便罢黜百家，独崇儒术，武帝的政治阳儒阴法。由此观之，道家学说，亦先王之敝庐也，只可以一宿。武帝晚年有轮台之悔。身后霍光尽废其苛察之法。

清末民初学术界的巨人章余杭，他精深的朴学，高格雅言的文章，缜密的条理，渊博的文献知识，诚一时之选，只可有一，不可有二，但老先生一直到他谢宾客之日，不会欣赏《红楼梦》，不会欣赏五四后的语体文，否认甲骨文字的研究对殷商古史的研究的具体贡献。这一种偏见，也是阿Q所不可能有的，也是五四后成长起来的一个普遍青年人所不可能有的。这为什么不可笑呢？

于是庄周得出结论：知识肤浅的有其特有的偏见，知识深刻的亦有其特有的深刻的偏见，一切是非之争都是以偏见纠正偏见，结果，谁也说服不了谁。正确的和客观存在相应的认识，根本就没有。唯一正确的出路是消灭成心，消灭主观世界和客观世界的对立。是非之争没有了，于是天下太平了。这就是所谓“未成乎心而有是非，是今日适越而昔至也”。庄周的思想是神秘主义，也就是不可知主义。解脱出世的哲人一定要把现实世界击成粉碎而后快，而后他才赤条条一丝不挂地飞升太空。他一点不颓废，人们不会料到他竟是一位危险的带有爆炸性的人物，会替秦皇的焚、坑事业鸣锣开道。自庄周之殁，迄今二千有余岁矣，现实世界依然健在，庄周并未把它毁了。在《天下篇》、《人间世》及其他篇章中，他对孔丘、墨翟及颜回都大力歌颂，正如他在《胠箧篇》中替法家开路一样。

在远古，在尧、舜以前，黄帝以前，多么美好的一个清净世界啊！为什么人们会无事自扰，无中生有，自找麻烦，闹成今天这个局面呢？这，连神禹也无法懂，我又有什么办法呢？

（以下第四大段是论文的最重要部分。文章太长分节疏释。）

夫言非吹也。言者有言，其所言者特未定也。果有言邪？其未尝有言邪？其以为异于鷇音，亦有辩乎？其无辩乎？

【疏】这一段紧接第三段，说明是非之争都是无聊的纠葛。当时的显学是儒、墨。从儒、墨开刀，平破儒、墨是擒贼擒王的手段。豺狼当道，安问狐狸？只要把孔丘、墨翟击成粉碎，则其他的鸡争鸭斗都可不待烦言而解。在平破儒、墨之前，庄周首先阐述了语言文字的性质。原来语言文字根本就不是表达真理的工具。疏释第一段时已交待了这一点。这是挖墙脚跟的斗争方法。语言文字所以不是表达真理的工具，因语言文字是主观世界和客观世界分化后的产物。它的本质就决定了它不能表达绝对真理。任凭你是什么语言学大师，怎样掌握了语言文字的熟练技巧，也完全无能为力。“夫言，非吹也。”是说：人们的语言和风吹当然是不同的。这和第一段纸上的风声当然有有情的关联。话尽管这样说，他的真实意思却是说：夫言，吹也。接下去“言者有言，其所言者特未定也”。是说：只不过一句话的是与非，未易论定而已。然而是非虽未易论定；但语言有其逻辑含义和风吹总不同，风吹纯粹是一种声音而已。看上去，好像有人在主张“夫言，吹也”而庄周是其反对派似的。再以下：“果有言邪？其未尝有言邪？其以为异于鷇音，亦有辩乎？其无辩乎？”这分明是文章的主意，用的却是犹疑两可，迷离惝恍之笔。试分析之如下：主意就从上文“其所言者特未定也”，这一空隙中发生出来。好像作者虽然不同意“夫言，吹也”这个论点，但语言文字本身的致命弱点又使他不得不同意“夫言，吹也”。人们都成天在说话，儒、墨更是成天在各讲各的大道理。到底是在说话呢？还是像风一样，在万窍怒号呢？这语气有点不对头了，尽管他未作肯定。庄周接着说：有人说人们的语言和刚生的小鸟的声音总有点不同。到底是不同呢？还是没有什么不同呢？鷇音是极挖苦的说法。方以智对此有极精确的解释：“禽言如鹊则报喜，鸦则报忧，布谷催耕，鹳鸣审雨，可听之为准。鷇音未定，则不可为准矣。”[①] 庄周的意思再也明白不过了。

① 见方以智《药地炮庄》，转引自王船山《庄子解》，方以智明亡后出家为僧，法名药地，人尊称为药地大师，船山和他有来往。

道恶乎隐而有真伪？言恶乎隐而有是非？道恶乎往而不存？言恶乎存而不可？道隐于小成，言隐于荣华。

【疏】和上一节合在一起属于哲学上所谓“方法学”的范畴，是庄周批判儒、墨所依据的准则。上一节说语言文字无殊于风吹，无殊于鷇音，是破；这一节是立。通过分析就知道他立了些什么。第一句真伪的“真”字和第三段真君、真宰、无损益乎其真的真字意义不一样。这是和伪相对的真，实质上并不必是真，和真相对的伪，实质上当然也就不必是伪。道（即真理）是兼该真和伪两个方面的。执两方面的某一方面为“真”或斥之为“伪”都是成心在作祟。言恶乎隐的“言”字和第三段大言、小言的“言”字意义也不同。大言、小言都是相对的言。回忆一下上引王船山的话便知。此处所谓言，事实上是与道符合一致的言，是绝对的，事实上是没有的。消灭了成心，是非没有了。没有是与非，既不肯定什么，也不否定什么，当然大言、小言都没有了。故此处所谓言是无声的语言，是天籁，是神秘境界。陶渊明的无弦琴便象征这境界。古人的哲学术语不能像今天完备，往往赋予同一名词以各种不同的意义。理解了他的系统的组织结构后也就不觉有多大困难。正由于真不必是“真”，故伪也不必是“伪”；是不必是“是”，故非也不必是“非”。回忆一下第三段对大知、小知、大言、小言的疏释。一切相对中都有绝对在。换言之，一切相对都是绝对真理的一面。所以说“道恶乎往而不存？言恶乎存而不可？”按：这里有两个步骤。第一步是把大知、小知、大言、小言一起都一棍子打死。第二步是把它们一起都复活起来。第一步是你怎么说都不对。第二步是你怎么说都对。这就是庄周的“方法学”。他就用这个来衡量儒、墨。小成即小有成就。孔丘、墨翟，庄子认为都该算是小有成就的人。不合把他们的小成就夸张为绝对真理。这就是是非纠纷之所由起。“言隐于荣华”即老子所谓“美言不信”。精彩的文章，妙美的修辞能混乱视听。这使人们不能恰如其分地估计其小成的价值。有一派哲人不喜欢艺术。苏格拉底一提到荷马就加以呵斥（其实也不是真的不欢喜，只是恨他诗句太漂亮。康德对卢梭时刻存着警惕心，因他一读其作品就要迷恋，不忍释手[①]。伊川先生反对哲宗皇帝读黄山谷的词，也是恨他的荣华）。通过以上疏释，可知庄周是个买空卖空的专家。他建立了什么呢？他什么也未建立。他破了什么呢？他什么也未破。

> 故有儒墨之是非，以是其所非而非其所是。欲是其所非而非其所是，则莫若以明。物无非彼，物无非是。自彼则不见，自知则知之。故曰彼出于是，是亦因彼。彼是方生之说也，虽然，方生方死，方死方生；方可方不可，方不可方可；因是因非，因非因是。是以圣人不由，而照之于天，亦因是也。是亦彼也，彼亦是也。彼亦一是非，此亦一是非。果且有彼是乎哉？果且无彼是乎哉？

【疏】以上两节一破一立，好像鹰隼出风尘，目的在于居高临下，擒孔丘、墨翟而粉碎之。本节直入主题。入首二句说：儒、墨由于不懂得这深奥的道理，所以在那里纠缠不清。“欲是其所非，而非其所是”，是对儒墨双方说的。儒者自以为是而以墨者为非。墨者亦然。庄周对他们说：你们所认为是的，其中也有非的一方面；所认为非的，其中也有是的一方面。你们都对，也都不对。当他对儒者说话时，好像他也是个墨者。当他对墨者说话时，好像他也是个儒者。

---

① 亚里士多德之于柏拉图，禅宗之诃佛骂祖，康德之于休谟和卢梭，是最善于学习的榜样。《五灯会元》记怀海之言曰：“智过其师，方堪传授，智与师齐，减师半德。”此意深远，耐人寻味。苏格拉底尽管反对荷马，他岂能不懂荷马的艺术。

其实他什么都不是。他把这个思想方法叫作“以明”，即以儒、墨反复相明；用儒破墨，用墨破儒，使他们同归于尽。用孔丘之剑，断墨翟之首，又用墨翟之剑断孔丘之首。所谓“彼是之争”就是“是非之争”，也就是彼我之争。易“是非”、“彼我”作“彼是”也有其用心处。人们无一个不是自以为是而以他人为非。所以庄周说：“自彼则不见，自知则知之。”从人家的角度所见到的真理的一面，人家为什么有那样主张的苦心孤诣；我是一点也看不见。我从我的角度所见到的真理，其实充其量也只是一面，但我却自以为是真理的全部。我为什么有这样主张的苦心孤诣，数说起来时可以甲、乙、丙、丁开中药铺。能了解旁人，知人家甘苦得失的人，在这世界上太少了。我之不了解他人，也正同于他人之不了解我。我在他眼中也是个“他”。他在他自家眼中也是个“我”。结果是人人我字当先。于是纠纷无穷，风波无穷。这后果严重到什么程度呢？你越把你的“我”抬高，他越发要把你的“我”贬得一钱不值。你越把他的那个“我”贬得一钱不值，他越发把他的那个“我”捧到天上。这就叫作“彼出于是，是亦因彼。彼是方生之说”。王船山解释得好：“有儒而后墨兴，有墨而后儒之说盛。”按：庄周说：语言等于风吹和鷇音。这当然是极荒唐的荣华。他所讥刺儒、墨者，也正可以请君入瓮。但是观察世间有一些争执，往往其初双方还有几分争是非之心，到了后来纯粹变成意气。一变成意气，就无法董理了。东汉的末年、北宋的末年、朱明的末年，无不是如此。庄子这番话对意气之争是药石，是清凉剂，是消毒散。实践是检验真理的唯一标准。庄周的极荒唐的荣华在一定场合下终不可废。以下，“方生，方死”一系列的句子，郭象和章太炎似都未体会对，仍是船山抓住了主要线索。他说：“夫相倚以生，则相倚以息，相倚以可其可，相倚以不可其不可，则攻人者，召攻之媒也。”这是颠扑不破的辩证法。绝不能以荒唐的荣华视之。首先须弄清楚庄周在这里不是谈生、死问题。关于生、死问题他另有一套玄妙而荒唐的荣华，见下文。这里还是阐述“彼、是”的关系问题，承“彼出于是，是亦因彼”作更进一步的发挥。在意气之争的过程中，甲方往往因乙方的激烈反对而愈加猖狂。乙方所得于甲方者亦复如是。这实在值得人们深思又深思。无论对于什么敌人，恐怕终无赶尽杀绝之理。“因是因非，因非因是。”这两句结束上文。庄周说：你自以为走在一条正确的道路上，其实也就是一条错误的道路。你以为人家走在一条错误的道路上，其实也就是一条正确的道路。我和是、彼和非之间，并非如你所想象的那样，存在着绝对必然的联系。下一句中的圣人，当然是指庄周自己。这两条路圣人都不走。但圣人也无第三条路，看下文便知。照之于天的“天”字，即第三段真君、真宰的异语。圣人的这条路也有迹象可寻。他以儒攻墨时似同于儒，以墨攻儒时似同于墨。所以说“亦因是也”。但儒、墨的因是是相对的，故因是同时就是因非。圣人的因是是相对中的绝对。故因是就是因是。似同于儒、墨而实不同于儒、墨。最后二句：“果且有彼是乎哉？”是从绝对说；“果且无彼是乎哉？”是从相对说。上一句是圣人的境界。下一句是儒、墨的境界。

彼是莫得其偶，谓之道枢。枢始得其环中，以应无穷。是亦一无穷，非亦一无穷也。故曰：莫若以明。

【疏】“彼”不见“是”是它的对立物，“是”也不见“彼”是它的对立物，这就算掌握了所谓道的要素了。“环中”一词很可玩味。一般人的思维都是直线式的。庄周的思维却是个圆周[①]。直线有起点，有终点，在一根直线上有前、有后。圆周则不然，那儿也是起点，

---

① 按：这很合乎近代新物理学发展的趋势。光的运行是圆弧形。一切天体的运行无不是圆弧形。用宇宙眼光来看庄周哲学，会另有一种意味。

那儿也是终点。也可以说：根本上无所谓起点与终点，当然也说不到有什么前后。循着一根直线走，尽管人们有崇高与庸俗之分，但总有个目标，有个趋向。循着一个圆周打圈圈，则目标和趋向都成了无意义的废话。庄周认为：人们既已被安放在圆周的某一个点上，则向前走，向后退和站着不动，全都一样。这似极荒唐，但并不难理解。所谓道枢就是圆周的中心。从中心画一根直线到圆周的某一点上，其距离都一样。庄周的身体也在圆周的某一个点上。他却企图把精神寄托在圆周的中心。从圆周的中心看安放在圆周各个点上形形色色的人物，个个一般高低，于是智、愚，是、非，贫、富，贵、贱，寿、夭，得、失等的区分，全都是无意义的废话。人世间无穷无尽的纠纷风波全都是庸人自扰。《文心雕龙·正纬篇》批评纬书是“无益经典而有助文章”。刘彦和是六朝时代的批评家。以纬书之荒诞，尚取其有助文章而不弃绝之，可见他是有气度，有见识的。庄周任凭多么荒唐，其书和纬书该总不能同日而语罢。

以指喻指之非指，不若以非指喻指之非指也；以马喻马之非马，不若以非马喻马之非马也。天地一指也，万物一马也。

【疏】这一节是破抽象思维。破抽象概念，也就是破语言文字，因语言文字总是凭抽象概念构成的。庄周以为任何精密的抽象思维总不能符合客观的真实，这的确是最无益于经典而有助于文章的学说。今有甲、乙双方。甲方说：“张三是个好人。”乙方说：“张三是个坏人。”于是争执起来了。“好人”是个指。“坏人”也是个指。我们今天叫作抽象概念。庄周认为：张三如果是个绝对好人，就不会有一个人说他坏。如果是个绝对坏人，就不会有一个人说他好。郭象解得好：“是若果是，则天下不得复有非之者也；非若果非，亦不得复有是之者也。”那么，怎样才是正确的说法呢？应该说：张三就是张三。张三是一具体存在物。要了解他，最好你直接和他去打交道。打过交道后，你心中有底了。为什么有那么多人说他好，又有那么多人说他坏？说他好的是些什么人，说他坏的又是些什么人？你不用一一过访，心中就有底了。这时再有人问你张三毕竟是个什么人？你也只有一句话：你自己和他打交道去罢。这一具体存在物用任何精密的抽象概念都不足以名之。用十个、百个乃至无穷个抽象概念都不足以名之。这就叫作“不若以非指喻指之非指”。说张三就是张三等于什么也没说。这就等于庄生向甲乙双方说：“你们都把嘴闭上罢。”这段议论，很显然是受了公孙龙“指物论”的刺激。“以马喻马……”也是破抽象概念，和公孙龙的“白马论”的关联也很明显。公孙龙说“白马非马”。这是就两个概念的内涵的深浅和外延的大小说。马作为个概念，内涵浅，外延大。白马作为个概念，内涵深，外延小。所以白马含蕴马，而白马不等于马。故说白马非马。这是形式逻辑的说法。庄周说：“公孙龙认为非马的白马是一具体存在物，而‘马’是个抽象概念，现实世界里根本无此一物。所以应该说白马是马，而马非马。”庄周持此逻辑对公孙龙说：“给我一匹马。”公孙龙牵来一匹黄马。庄周说：“根据你的逻辑，白马既非马，黄马当然也非马。我要的是一匹马。”结果，任何颜色的马都交不了差，公孙龙牵不出一匹马。于是马非马的论点成立了。按：公孙龙所谓“白马”是包括在“马”这个类名中的一个小类名。据此，白马可以再往下分为白子马和白母马，等等。庄周所谓“白马”则指属于“马”这个概念中的各色各样的具体存在的马。据二分法的表，从上往下看，在上者是抽象的，从更在上者往下看，原来在上者又成为在下者，则又复作具体的了。两人各说各的，本不搭界。由于庄周根本不喜欢抽象概念，故无事找事，于义无可取。至于他能认识到抽象概念任多么精确也不足以尽具体事物的个性，则是极深刻的见解，百世不易。公孙龙讲的是形式逻辑，庄周讲的是神秘主义的哲学。然离开了抽象概念，不能有自然科学，不能有语言文字。这，他不一定能搞得很清楚。南华真人没有什么了不起，不必害怕他“天地一指也，万物一马也”。这是说天地万物皆可作如是观。总之，庄周认为只有具体事物是存在的，但是其性质不可言说。抽象概念毫无用处。天就是天，地就是地，万物就是万物。庄子向努力解剖天地万物的人们说：“你们一起闭上嘴罢。”《天下篇》就讽刺了惠子的“散于万物而不厌”。庄周的这种思想大有助于艺术，无利于科学。科学精神就是要散于万物而不厌。但是他信口胡说的宇宙间无直线的道路，一切运动都是圆弧形的运动，却与今天最新的物理学相契符。这又该怎么说呢！按：一切真理都是圆弧形，诚然，今天的数学家可以证明庄周所说完全正确，但推演的手续极麻烦，且也不能局限在我们这个小小环球内，我们所赖以安身立命的实地确乎是个小小环球。

> 可乎？可。不可乎？不可。道行之而成，物谓之而然？恶乎然？然于然。恶乎不然？不然于不然。物固有所然，物固有所可。无物不然，无物不可。

【疏】上节已破抽象思维、抽象概念。人们最好一齐都闭上嘴。庄周也知道人们不会这样听话。他于是说：任凭你们胡说，说张三是个好人或说他是个坏人，全成。说好说坏，反正从根本上都不成立，但也多少总有一些根据。这就叫作“可乎？可。不可乎？不可。道行之而成，物谓之而然”。因为一切相对都是绝对的一个方面，所以任你如何信口胡说，要达到无一字不谬的程度也很难。那么，你爱怎么说，就怎么说罢。逻辑上所谓私名，如张三、李四、阿猫、阿狗，本来纯粹是个符号，可以随便起。例如我分明是个人，但不妨叫阿狗。公名尽管和私名有区别，但和其背后的客观存在也无必然联系。你欢喜把马叫作鹿，把鹿叫作马，也并无不可。这就是所谓“物谓之而然”。荀子《正名篇》说，“名无固宜”，分明也是受了庄周“物谓之而然”的影响。庄、荀都忽略了一点，即公名虽可随便起，随便换，但公名里却含有固定的逻辑意义。我们可以把老子叫作儿子。但老子是生我的人，儿子是我所生的人。把老子叫作儿子，儿子这个名词所含有的逻辑意义便变作生我者，而非为我所生者。故老子毕竟是老子，儿子也终于是儿子。故“物谓之而然”这句话就有点困难，有点说不通。名尽管无固宜，而客观存在的逻辑意义却不变。庄荀似都不十分清楚语言文字和逻辑意义的关系。以下几句说穿了也可发一笑。庄周既不同意用抽象概念来范畴具体事物，对张三这个具体的人的最妥善而全面的说法是：张三就是张三，而不是李四。人们如进一步问：为什么张三就是张三而不是李四呢？这个所以然，他也认为无法解释。答复只能是：就因为他是张三而不是李四。这就是所谓“恶乎然？然于然。恶乎不然？不然于不然”。庄周的字典里根本没有“为什么”这个词语。“据果追因”，他认为是愚蠢的行为。所谓因果律，在庄周看来完全是个不中用的武器。今天为什么下雨呢？就是因为今天下了雨。人为什么都爱自己的儿子呢？就因为人都爱自己的儿子。气象学和生物学有关这两个问题的解释全是不相干的废话。“解释”这个词语也根本不见于庄周的字典。从这一点说，庄周的思想无利于科学而大有助于艺术。

> 故为是举莛与楹，厉与西施，恢恑憰怪，道通为一。其分也，成也；其成也，毁也。凡物无成与毁，复通为一。唯达者知通为一，为是不用而寓诸庸。庸也者，用也；用也者，通也；通也者，得也；适得而几矣。因是已。已而不知其然，谓之道。劳神明为一而不知其同也，谓之朝三。何谓朝三？狙公赋芧，曰：“朝三而暮四。”众狙皆怒。曰：“然则朝四而暮三。”众狙皆悦。名实未亏而喜怒为用，亦因是也。是以圣人和之以

是非而休乎天钧，是之谓两行。

【疏】这一节是作者得其环中以后，自抒其自在纵横，得心应手，左右逢源，无往不适的境界，是说理，也是抒情。据上文破抽象思维，破抽象概念，可知庄周和我们有个根本区别：我们总爱问个为什么。尽管我们不一定能问出个所以然，但我们总是不肯自安于其所不知。这在庄周看来是不安分。他认为我们的苦恼即由此而生。他认为问来问去，这个闷葫芦反正打不破。他认为我们终于是糊涂虫。庄周自以为比我们高明处就在于他自安于其所不知。因之在他眼中，根本没有什么值得惊异的，没有什么觉得奇怪的，什么都一样。莛的细小和楹的粗壮，在他看来一样。没有什么值得他爱慕，也没有什么值得他厌恶。西施为什么那样美，厉为什么那样难看？这问题对他并不存在。庄周自以为这是他得其环中以后的妙境。分也便是成，成也便是毁。故分既无可悲，而成也无可喜。道通为一的“一”字即“绝对”的异语。“一”字有语病。因“一”与“多”是相对的。庄周自己也知道，故下一段另有专门分析。“惟达者知通为一，为是不用而寓诸庸。”这是句吃紧语。这句话表示了庄周对人生的根本态度。庄周还知道：他虽已得其环中，但他的身体还是在圆周的某一点上，在风尘中，在世纲中，和孔丘、墨翟乃至我们都一样。故虽掌握了绝对，但不能离相对以求绝对，只能在相对中认识到处处有个绝对在。这就叫作“为是不用而寓诸庸”。“庸”即用，用即一般哲学上所谓体用之用，即“多”的异语。在西施身上找到绝对，在厉的身上同样找到绝对。通也者得也。“得”是“中”的假借[①]。这几句是押韵的哲理诗。庄周说：何必环中才是妙境呢？风尘中，世纲中，无一处不是妙境。“已而不知其然谓之道。”《知北

① 见章太炎：《庄子解故》。

游》是这一句最好的注脚。把厉和西施看成一样，必须极自然，功夫要做到炉火纯青的地步。人们问你："厉和西施怎么会一样？"你反问一句："他们哪一点不一样？"这就叫作"已而不知其然"。如果你脱离了当前相对的现实，而去追求渺茫不可知的绝对，这叫作"劳神明为一"。从这一点说，庄周哲学是避免形而上学猖獗的最好的武器，极有力的措施，他认为：这是和被相对的差别现象所迷惑，而不知有"绝对"的人们犯的是同样错误[①]，这同样都是无智慧的猴子。庄周分明是承认万事万物都有个所以然的[②]，但不许你追问。文中两提"因是"。前一个"因是"是达者的因是。因是就是因是。后一个"因是"是"劳神明为一"者的因是。"因是"同时就是因非。按："劳神明为一"是对汉朝以后想白日飞升的道士们的呵斥。道士们对这一句肯定都没有读懂，是一群无智慧的猴子。两汉以后的道教和先秦的道家是两回事。"是以圣人和之以是非而休乎天钧，是之谓两行。""和"字的解释见《晏子春秋·尚同篇》，所谓"君子和而不同"。庄周一方面反对儒、墨打架，反对双方争吵不息；另一方面，他也深知儒、墨无法相同，也不必相同。他平儒、墨之争的原则是：墨者不把儒者看作迂阔而远于事情，儒者也不把墨者看作洪水猛兽；天地间本可不必有儒、墨。但既有了，也便任凭其有。这就是太炎所谓"齐其不齐，下士之鄙执；不齐而齐，上哲之玄谈"[③]。和之以是非的圣人绝不在这个喧、恼、逼、热的人世间再另树一帜。但事实上他已另树了一帜。儒、墨是既不同，又不和，庄周和儒、墨也不同，但与双方都可以"和"。人与人之间都不相同，也无法相同，也不必相同；但都应该"和"，也都可以"和"。这就叫作"两

---

① 根本否认有"绝对"的思想叫作现象主义。这是极肤浅的一种思想，但也有这个思想类型。

② 此所以庄周是个理性主义者，此等人绝不悲观、不消极、不颓废。

③ 见《齐物论释》。

行”。庄子理想的世界，应该是一个既多样化，不单调，不千篇一律，不庸俗，也无争吵、无斗争的世界。一般人都是循着一根单线在走路，而庄周走的却是双轨。《外物篇》说：“室无空、虚，则姑、妇勃溪。”这是保证一个“和”的世界使其可能的必要条件之一。别说是姑妇之间，即使是夫妇之间恐怕也该如此。

古之人，其知有所至矣。恶乎至？有以为未始有物者，至矣，尽矣，不可以加矣。其次以为有物矣，而未始有封也。其次以为有封焉，而未始有是非也。是非之彰也，道之所以亏也；道之所以亏，爱之所以成。果且有成与亏乎哉？果且无成与亏乎哉？有成与亏，故昭氏之鼓琴也；无成与亏，故昭氏之不鼓琴也。昭文之鼓琴也，师旷之枝策也，惠子之据梧也，三子之知几乎，皆其盛者也，故载之末年。唯其好之也，以异于彼，其好之也，欲以明之。彼非所明而明之，故以坚白之昧终。而其子又以文之纶终，终身无成。若是而可谓成乎？虽我亦成也。若是而不可谓成乎？物与我无成也。是故滑疑之耀，圣人之所图也。为是不用而寓诸庸，此之谓以明。

【疏】“是非之彰也，道之所以亏也；道之所以亏，爱之所以成。”是这一节文字的骨干句子。庄周的思想是圆周形，故文章也是圆周形。论文章，《齐物论》好比一件无缝的天衣，看似振笔直书，随随便便，洋洋洒洒，随手摭拾，但字字句句都与全文上下前后有照应，看似胡说，但一丝不乱，一线不走，看似重复，但一浪与一浪不同。妙在不论什么，只要挑到他篮子里便变成菜。高妙的棋手每一子落在盘上都与上下四方有情。它可攻，可守，可保留，可放弃，灵活自如，变化万端，使对手无法窥测他的意图。这便是庄周的文章的境界。本节入手是说达到他所谓最高境界的阶段次第。最高的境界是无物。无物当然也就无我，举一摄二。有物而无封，有封而无是非，根本不可能。这一种阶段次第是形式逻辑的分法，其境可思，事实上根本没有。“爱之所以成”，有爱即有恨，也是举一摄二。上文第三段：“非我无所取。”有取即有舍，都是举一摄二。庄周说：是非一彰明较著，大道就亏损了。大道因此而亏损，所谓色界情天却因此而出现。但是真正亏损了什么，出现了什么没有呢？却也不能说没有亏损什么，没有出现什么。第三大段说：“如求得其情与不得，无益损乎其真。”“果且有成与亏乎哉？”这就是那一句话的重复。人们尽管陷溺在色界情天的苦海中，却无害于庄严美妙的绝对世界的存在，更无害于得其环中的哲人的自在逍遥。但是，这仅是从一方面说。从另一方面说，人们在胡闹，在无中生有，在白日见鬼，在迷于现象上的差别，对大道还是有所亏损，对得其环中以应无穷的哲人还是有点影响。此《齐物论》之所以不得不作。故这句看似重复而对论旨又有了新的开拓。“果且无成与亏”这一句交待了他作论的忧患之意。这一句暴露了庄周还是个不宁静的灵魂。他虽千方百计想躲入象牙之塔而和现实世界终于割不断联系。平破儒墨时，他说：“果且有彼是乎哉？果且无彼是乎哉？”那段文章与此同一机杼。按：庄周似在对人们说，“你们一定要胡闹，就胡闹罢，各闹各的，别打架。你们胡闹，对道和我都无损失。但奉劝你们还是别胡闹，对大道和我也还是有点损失的”。庄周的心还不是冷若冰霜，这可以看得很清楚。在某种情况下，他也很可能成为个有爆炸性的危险人物。因为他虽自以为解决了矛盾，但并未真正解决。王先谦说：“庄生亦不过空存其理而已。”“空存其理”四字说得真好。后世爱好庄周，善学庄周的有魏晋时代的嵇康。陈寿称他是“好谈老庄，文词壮丽，尚奇任侠”。在庄周影响下成就这样人物，有何不好？上一节已扫荡了儒、墨，这以下又随手抓了昭文、师旷两位音乐家和惠施。庄周、惠施有亲密深厚的友情，但也有矛盾，他们间也可说几乎没有共同语言。惠施是逻辑专家，又对自然科学有深广的兴趣。庄子随手抓了这三位，又把自己和他们拉扯到一起。这以下的文章不辨对他们是批评还是赞叹。“昭文之鼓琴也，师旷之枝策也，惠子之据梧也，三子之知几乎，皆其盛者也。”对他们忠实于艺术和科学的冥心孤往的精神和卓越的造诣，庄周是理解的，“故载之末年”。他们成大名也不是偶然的。但毕竟只是小有成就的人。孔、墨也不过小有成就，他们总不能超过孔、墨。孔、墨是豺狼，这只不过是一群狐狸而已。昭文的琴声，给天籁无声的音乐带来了极大的损失。师旷和他是一流的货色。只有陶渊明的无弦琴差可以免于庄生的呵斥。但是庄生认为他们的可恶还不止于此。他们最大的罪过是把他们的小有成就夸张为绝对真理，到处宣传。“其好之也，欲以明之。”郭象注：“明示众人，欲使同乎我之所好。”庄生于是对他们说：“连孔、墨都不配，我都不许他们这样瞎胡闹，你们配么？”惠子搞了一辈子，连个坚白的问题也未闹清楚。庄生于是又对人们说：“假如昭文、师旷、惠施都算有成就，是什么专家，那我姓庄的也可算有了成就了。假如他们还不算有成就，那么，谁还敢说是有成就的人呢？我还敢自命有成就么？”按：细读论文，他先平儒、墨，次考量群流。我们再结合《人间世》对颜渊的高度赞美，《天下篇》对邹、鲁缙绅先生和孔墨的高度估价，可知庄生把孔、墨的地位摆得都高极了，把自己和昭文、师旷、惠施拉扯在一起，其微意更可得而见。对孔、墨不必说，对昭文、师旷、惠施他也是深爱的，对他们的成就也是有真切的认识的。他虽说他自己是个荒唐鬼，这个荒唐鬼确实还是有分寸的，是个很可爱的荒唐鬼，因为他并不真荒唐，他是非常严肃的。郭老《十批判书》说庄周是儒家，书中有时讽刺儒家，都是针对末流，他剽剥儒、墨，正是禅宗呵佛骂祖之意。此言独具卓识，非一般人所能到。谓庄周属儒家，唐人久有此言。以上第四大段结束。

今且有言于此，不知其与是类乎？其与是不类乎？类与不类，相与为类，则与彼无以异矣。虽然，请尝言之。有始也者，有未始有始也者，有未始有夫未始有始也者。有有也者，有无也者，有未始有无也者，有未始有夫未始有无也者。俄而有无矣，而未知有无之果孰有孰无也。今我则已有谓矣，而未知吾所谓之其果有谓乎，其果无谓乎？天下莫大于秋毫之末，而大山为小；莫寿于殇子，而彭祖为夭。天地与我并生，而万物与我为一。既已为一矣，且得有言乎？既已谓之一矣，且得无言乎？一与言为二，二与一为三。自此以往，巧历不能得，而况其凡乎！故自无适有以至于三，而况自有适有乎！无适焉，因是已。

【疏】以上是第五段的第一节。本段分两节疏释。第四段是登泰山爬到了南天门。这段又向上翻了一层。翻到什么所在呢？这叫作百尺竿头，更进一步。我送庄生，止步于此。"不知其与是类乎"的"是"字指儒墨。船山说："指道而言。"窃恐未是。第四段一开始就破语言文字，说语言文字无异于风吹，无异于鷇音，挖了儒、墨的墙脚。假如儒、墨反唇相讥，《齐物论》是不是语言文字？庄周的声音和风吹鷇音有没有区别？关于第一个问题，当然庄周只能有一个答复，即《齐物论》是语言文字。第二个问题，庄周可以回答有，也可以回答无。但说有说无都有困难。如说有区别，区别在哪里？凭什么儒、墨都得闭上嘴，其语言文字无殊于风吹、鷇音，而只有庄周一个人可以大放厥词。注意！在第四段第一节里庄周不是分析儒、墨哪一句话说错了，该怎样说才对，而是根本不许他们说话，认为他们一开口就错。他硬是蛮横到这个地步！如果说没有区别，那么《齐物论》也是万窍怒号中的一窍，孔丘、墨翟便可以相视而笑。为了预防这一手，故庄周写下这段文章。他说："如今我写下这篇《齐物论》，和孔、墨的言论还是相同呢，还是有所不同呢？即使说我的言论和他们的有所不同，但毕竟同是言论，那么类与不类、相与为类，和他们的怕也同属一丘之貉罢。”这以下立刻一转，说明自己和他们毕竟有本质的不同，还不是一丘之貉。以下一节要算论中最难懂的玄言。但说穿了也是可发一笑。郭象注得太好。他说：“然则将大不类，莫若无心。既遣是非，又遣其遣，遣之又遣，以至于无遣；然后无遣无不遣，而是非自去矣。”庄子的思想方法就是这个“遣”字。他的逻辑可以叫作“以言遣言”的逻辑。疏释第四段时，说他是买空卖空的专家。那时，已透露了这个遣字的秘密。他说：譬如有人说了这样一句话：“有始。”这当然指时间说。于是他便说一句：“未始有始。”这第二句的作用仅只是破第一句，即遣第一句，即把第一句从纸上抹掉，消灭第一句的影响。第二句本身并不含任何积极意义，它只起消极破坏的作用。怕人们有误解，于是又说第三句：“未始有夫未始有始。”这一句的作用仅只是破第二句，即遣第二句，也仅只有这一点作用。怕人们因药成病，故又有这一遣。其实时间既不能说是有始，也不能说是无始。时间就是时间，它的性质不可说。你硬要说，我便只有遣。语言文字在庄周手中是根打狗棒，是块敲门砖。没有咬人的狗，或门已敲开之后，棒和砖便立刻扔向一边。“有有也者”以下，用同样手眼读，无待烦言。“今我则已有谓矣，而未知我所谓之其果有谓乎，其果无谓乎？”如今我也是成篇大套地说话，毕竟我说了什么没有呢？还是我什么也没有说呢？这等于自承是个买空卖空的专家，不比儒、墨都有一肚子货色。我可以破你们，你们破我个什么？我的话只有一句即：“你们把嘴闭上。”如你们没有说话，我这句无的放矢的话当然不说。哪有狗不咬人而拿根打狗棒赶着打之理。如你们本在说话而现在闭上嘴了，我的这句话也跟着消灭。如同狗再不咬人时，打狗棒也就扔向一边。按：根据庄周的这个逻辑，他想通过以儒遣墨，以墨遣儒的路子使儒、墨同归于尽；接着又自遣其言，想使儒墨同归于尽之后，他自身亦随之同归于尽。鲁迅说：反对黑暗的文章要随着黑暗的消逝而消逝。假如不然，就说明黑暗还与我们同在。这实在值得我们反复深思。这逻辑也非庄周所独有。事实是：儒、墨既未同归于尽。我们还在分析它们，研究它们。庄周亦不得与之同归于尽。他无意在儒、墨之外另树一帜，结果还是另树了一帜。这说明以言遣言，亦不过“空存其理”而已。以下四句是庄周百尺竿头更进一步以后的美妙风光。这当然是神秘境界。儒、墨同归于尽，庄周亦随之同归于尽之后，天地与我并生，万物与我为一的境界自然呈露了。在这个境界中，我就是一切，一切也就是我。一切的“得”，当然都是我的得，一切的“失”，也当然都是我的失。我看一切也就等于我看我自己。依据这个逻辑，庄周未生时已有庄周，他存在于一切之中。故庄周既没有生，也没有死。庄周是这样，一切人、一切物也都是这样。这和西方文艺复兴时期斯宾诺莎的哲学初无二致。斯亦奇矣。上两句“天下莫大于秋毫之末，而泰山为小。莫寿乎殇子，而彭祖为夭”。把南郭子綦丧耦的这根线一直贯下来，这两句才得到解。通彭祖与殇子为一体；彭祖之寿即殇子之寿，殇子之夭，即彭祖之夭。故彭祖不寿，殇子不夭。通泰山与秋毫之末为一体；泰山之大，即秋毫之末之大，秋毫之末之小即泰山之小。故泰山不大，秋毫之末不小。正是根据这个前提，才得出下两句的结论来。这是南郭子綦丧耦以后仰天而嘘的境界。“既已为一矣，且得有言乎？既已谓之一矣，且得无言乎？”第四段已提出了这个“一”字。“举莛与楹，厉与西施，恢恑憰怪，道通为一。”上文已指出“一”即绝对的异语，“一”字有语病。现在谈这个问题正是时候。一篇《齐物论》都是谈相对中的绝对。庄子根本不许我们“劳神明为一”。可是上文说到“天地与我并生，万物与我为一”时，不免已深入了重地。故他又告诉我们：丧耦以后的神秘境界是不可说的。内不见我，外不见物时，当然“二”是没有了。但那个“一”是什么味道，我无法告诉你们。现在既把它叫作“一”，这已是语言文字。语言文字的“一”和那物我一体的境界，相隔着万重蓬山。“一”成了语言文字，这以下麻烦就跟着来了。郭象解得太好：“夫以言言一，而一非言也。则一与言为二矣。一既一矣，言又二之，有一有二，得不谓之三乎？”王荆公也懂这奥妙。他说：“有一既有二，有三既有四。”[①]自此以往，便巧历不能得。这里仍然用的是“以言遣言”的逻辑。这不是遣儒、墨之言，而是庄周自遣其言。刚说了个“万物与我为一”，接着便说“这个‘一’字要不得”。下面还要加一句“这个‘一’字要不得，这句话要不得”。这就证明他的语言和儒、墨的语言不得相与为类。物、我对立的“二”既要不得，物我一体的“一”又不能说，最后只有归结到“无适”。适，敌也，对也。无适便不得谓之曰一。因有一即有二，有二即有三，有三即有四。

夫道未始有封，言未始有常，为是而有畛也，请言其畛：有左，有右，有伦，有义，有分，有辩，有竞，有争，此之谓八德。六合之外，圣人存而不论；六合之内，圣人论而不议。春秋经世先王之志，圣人议而不辩。故分也者，有不分也；辩也者，有不辩也。曰：何也？圣人怀之，众人辩之以相示也。故曰：辩也者，有不见也。夫大道不称，大辩不言，大仁不仁，大廉不嗛，大勇不忮。道昭而不道，言辩而不及，仁常而不成，廉清而不信，勇忮而不成。五者圆而几向方矣，故知止其所不知，至矣。孰知不言之辩，不道之道？若有能知，此之谓天府。注焉而不满，酌焉而不竭，而不知其所由来，此之谓葆光。

【疏】这是第五段的第二节。这时庄周又从百尺竿头更进了一步

① 见王荆公拟寒山子组诗二十首的第九首。

的高境回到了现实世界中来。他已批判了“劳神明为一”，故现实世界毕竟是现实世界。人间的俗事还得由人类处理。齐物的哲人对人间的俗事也还不能置之不理。这就是庄周的所谓“外王学”。百尺竿头更进一步，得其环中，是他的“内圣学”。“内圣学”是体，“外王学”是用。由于道无封，故言不能有常。“言未始有常”这一句郭象注错了。他说：“彼此言之，故是非无定主。”不是这意思。章太炎说得是。这句的意思是老子所谓“名可名，非常名”。[①] 由于道无封，故既不能说道就是个“这”，也不能说它就是个“那”。这就叫作“言未始有常”。正由于此，故现实世界中的畛域，所谓八德，我们不能把它看得太拘泥，太死板。一方面不能无视这些畛域，陷于劳神明为一的错误；另一方面，也必须知道：这也不过就是那么一回事，这就是庄周对人间世的态度。对人世间还须衡量其性质而区别为若干范畴，不能够齐其不齐。例如六合之外的事，太渺茫了；这个天地以外，是否另有一个天地，管那闲事干什么呢？存而不论者，既不必肯定其有，也不必否定其无。连想都不去想它。论而不议的是六合之内的一般的事情。比竹成册，各就次第，是之为论。对这一般的事情不妨略谈一谈，不必多费唇舌，多费笔墨，也还得谈得井井有条，不合乱说。这叫作“论而不议”。“春秋经世先王之志”指往古的历史记载，这和我们的关系更密切了，不妨谈得更详一些。但宜于古者，不必宜于今。六经皆古人之糟粕。仁义乃先王之敝庐，只可以一宿。先王的精神并不在那些空文教条之中，时移则事异。为这个而争论打架是无智慧的猴子的活计。这就叫作“议而不辩”。庄周的头脑很清醒，他和复古主义者无共同之处。他不迷恋腐朽的骸骨。“分也者，有不分也；辩也者，有不辩也”，是上文的小结。分是分其可分者，辩是辩其可辩者。我们必须知类。知类一词是墨

---

① 见《齐物论释》。

子提出来的[1]。这是个逻辑原则。处理一个问题必须首先审定这问题属于什么范畴。再以下是谈道德哲学。由于道无封，言无常；故怎样才算道德行为，无法对之作具体的规定。庄周的逻辑是圆周形，道德也是圆周形。“大道不称”、“大辩不言”，《齐物论》的语言属另一范畴，上一节已说得很清楚。“大仁不仁”，所谓“妇人之仁”并不是真正的仁。似乎庄周也主张有时要以杀为仁。把希特勒送上断头台怕也正是大仁的行为。他大概会赞成的。“大廉不嗛”，嗛即谦让的谦。庄周也曾向人借过粮，他当然认为无伤于廉，所以才这样做的。“大勇不忮”，忮，逆也。一个真正勇敢的人也许一辈子未和人打过架。他处处随顺人家，好像个胆小鬼似的。“知止其所不知”，即知类的意思。作者的意思是：人们一方面得明白客观世界事物的范畴，另一方面得检查自己认识的能力，自知其分。以下论而不议，议而不辩，均如此。人与人相处，不可能没有个道德原则。这一点他也承认，但毕竟怎样才算道德行为，这实在难谈。向人借粮的人有时不一定便是不廉。反之，一辈子未向人借过粮的人也未必便是真正的廉。连鸡都未宰过的人不一定就仁。杀过人的人也不一定就不仁。一个战士上了前线能不杀敌人么？道德原则不能没有，什么是道德的本质却很不易说清楚。道德这一问题绝非形式逻辑所能对付，不精通辩证法不能明道德之本质。真有道德者绝不敢自以有道德而动辄呵斥人家没有道德。他首先是严于律己，永远严于律己。《秋水篇》补充发挥此意最透辟。以上两节，一体一用：一是得其环中，一是以应无穷；一是内圣，一是外王。《齐物论》的主文似乎到这里完了。以下的文章有点像随笔附录，和上面五大段在形式上似乎没有严密的组织。

故昔者尧问于舜曰：“我欲伐宗、脍、胥敖，南面而不释然。

① 语见《墨子·公输》。

其故何也？”舜曰：“夫三子者，犹存乎蓬艾之间。若不释然，何哉？昔者十日并出，万物皆照，而况德之进乎日者乎！”

【疏】三子指宗、脍、胥敖。存乎蓬艾之间，就任其存乎蓬艾之间。这是庄周外王学的具体表现。

啮缺问乎王倪曰：“子知物之所同是乎？”曰：“吾恶乎知之！”“子知子之所不知邪？”曰：“吾恶乎知之！”“然则物无知邪？”曰：“吾恶乎知之！”虽然，尝试言之。庸讵知吾所谓知之非不知邪？庸讵知吾所谓不知之非知邪？且吾尝试问乎女：民湿寝则腰疾偏死，鳝然乎哉？木处则惴栗恂惧，猨猴然乎哉？三者孰知正处？民食刍豢，麋鹿食荐，蝍蛆甘带，鸱鸦耆鼠，四者孰知正味？猨猵狙以为雌，麋与鹿交。鳝与鱼游。毛嫱、丽姬，人之所美也；鱼见之深入，鸟见之高飞，麋鹿见之决骤。四者孰知天下之正色哉？自我观之，仁义之端，是非之涂，樊然殽乱，吾恶能知其辩！啮缺曰：“子不知利害，则至人固不知利害乎？”王倪曰：“至人神矣！大泽焚而不能热，河汉沍而不能寒，疾雷破山〔飘〕风振海而不能惊。若然者，乘云气，骑日月，而游乎四海之外。死生无变于己，而况利害之端乎！”

【疏】这里谈的还是第三段中的“成心”问题。有这一段的补充发挥 庄周在认识论方面的态度摆得更清楚了。庄子的这一种认识论，长期以来被人们当作主观唯心论批。我意当作泛客观论更准确。他这殁文章分明是向人们提出，在宇宙间没有正处、正味、正色。

瞿鹊子问乎长梧子曰：“吾闻诸夫子，圣人不从事于务，不就利，不违害，不喜求，不缘道；无谓有谓，有谓无谓，而游乎尘垢之外。夫子以为孟浪之言，而我以为妙道之行也。吾子以为奚若？”长梧子曰：“是黄帝之所听荧也，而丘也何足以知之！且女亦大早计，见卵而求时夜，见弹而求鸮炙。予尝为女妄言之，女以妄听之。奚旁日月，挟宇宙？为其吻合，置其滑涽，以隶相尊。众人役役，圣人愚芚，参万岁而一成纯。万物尽然，而以是相蕴。予恶乎知说生之非惑邪！予恶乎知恶死之非弱丧而不知归者邪！丽之姬，艾封人之子也。晋国之始得之也，涕泣沾襟；及其至于王所，与王同筐床，食刍豢，而后悔其泣也。予恶乎知夫死者不悔其始之蕲生乎！梦饮酒者，旦而哭泣；梦哭泣者，旦而田猎。方其梦也，不知其梦也。梦之中又占其梦焉，觉而后知其梦也。且有大觉而后知此其大梦也，而愚者自以为觉，窃窃然知之。君乎，牧乎，固哉！丘也与女，皆梦也；予谓女梦，亦梦也。是其言也，其名为吊诡。万世之后而一遇大圣，知其解者，是旦暮遇之也。”

【疏】这一大段文章有两个主要内容：一、齐梦觉；二、齐生死。“吾闻诸夫子”，夫子就是孔子，从俞曲园说。瞿鹊子说：他从孔子那里听说有这样一种圣人，把利与害看成是一样，什么也不追求。孔子虽对瞿鹊子介绍了这样的圣人，但内心并不十分赞成，以为这是孟浪之言。孔子对这样圣人的行为还缺乏深解；是瞿鹊子却听得神迷心醉，故提出来就商于长梧子。按：看上去，孔子是另一范畴中人，和圣人的大道无缘。瞿鹊子游于儒、道之间，方向还未定。长梧子一口就否定了孔子。接着就泼了瞿鹊子一盆冷水。他说：“是黄帝之所听荧也。”黄帝对此问题还存在着疑难，孔丘懂得什么。可是你也不要以为已摸到了门路，看见了鸡蛋，距离司晨的鸡还远着呢. 才有了一个弹弓，就想打下天空的飞鸟，未免太打如意算盘了。“为其吻合”：无分别貌。无分别即无成心。“置其滑涽”：把儒墨的混乱见解丢在一边。“以隶相尊”：隶即奴隶。这本是最贱的品种。以隶相尊即莫寿于殇子，莫大于秋毫之末的意思。这是万物与我为一的境界，是为其吻合，置其滑涽的后果。“众人役役，圣人愚芚”：众人之所以役役者，因有成心；圣人之所以愚芚者，因无成心。故大智若愚。“参万岁而一成纯”：纯的反面是“杂”。纯又有厚的意思。因此，杂又有薄的意思。“杂”蕴含“多”。在一万年之中，一浪赶一浪，一幕接一幕，看不完的兴亡，数不尽的成败，不知道有多少沧海变成桑田，又不知道有多少桑田变成沧海。在“恢恑憰怪，道通为一”的庄周看来，没有什么值得惊异的，没有什么值得感叹的。这就叫作“参万岁而一成纯”。“万物尽然而以是相蕴”这句话内容丰富极了，深厚极了。“然”和“是”都是庄周哲学的专门术语。庄周认为：一切皆“然”，皆“是”，根本没有“不然”和“不是”。一万年中的成败兴亡、沧桑变化都是“然”和“是”，都是必然的，而无一是偶然事件。它们只能是那样，而不可能不是那样。凡现实无一不是合理的。故成者，不得不成者也；败者，不得不败者也；兴者，不得不兴者也；亡者，不得不亡者也。凡“是”、凡“然”都在逻辑上蕴含着应该是、应该然。这句话是古今中外纯理性主义哲学的命根子（一个人可以相信这句话，但必须承认哲学的真理绝不尽于纯理性主义这一派。太史公曰：天道恢恢，岂不大哉！谈言微中，亦可以解纷。这一派哲学里也绝不可能一点道理没有）。这就叫作“万物尽‘然’而以‘是’相蕴”。蕴，积聚也。既这样，你惊异什么？感叹什么？以下专谈齐梦觉，齐生死。假如有个贫无立锥之地的穷苦人，夜里做了个梦，成了百万富翁。一觉醒来，爽然自失。庄周告诉他：你白天的自以为是不幸的真实生活经验，并不比你昨夜梦中，你现以为虚幻的梦中生活经验更真实一点点。这两套经验的逻辑价值完全相等。这就叫齐梦觉。人总是以生为存在，而以死为毁灭，不知生是梦境。死是结束了这个梦，又入于另一梦境。正如《大宗师》所说，化为虫臂，化为鼠肝。像这样一个梦接着一个梦，无尽无了的沿着那圆弧形的轨道画圈圈，实在没有多大意思。什么时候得其环中，才算结束了梦幻生涯，这叫作“且有大觉而后知此其大梦也”。

既使我与若辩矣，若胜我，我不若胜，若果是也，我果非也邪？我胜若，若不吾胜，我果是也，而果非也邪？其或是也，其或非也邪？其俱是也，其俱非也邪？我与若不能相知也，则人固受其黮暗。吾谁使正之？使同乎若者正之？既与若同矣，恶能正之！使同乎我者正之？既同乎我矣，恶能正之！使异乎我与若者正之？既异乎我与若矣，恶能正之！使同乎我与若者正之？既同乎我与若矣，恶能正之！然则我与若与人俱不能相知也，而待彼也邪？

【疏】这是破认识论上的系统调和论。认识论说到最后只有两派，即系统调和论和原物符合论。前者的困难是：无论如何，这方法是不能彻底贯彻下去的。假如孔丘、墨翟二人辩论，谁也不服谁。这时孟子来了，墨子说：“你无资格作裁判。”接着禽滑厘来了，孔丘说：“你也无资格作裁判。”接着庄周来了，孔、墨二人一起驱逐他说：“我们的纠纷，自有处理办法。不劳你来管闲事。”再来个和稀泥专家，更无济于事，故系统调和论陷于绝路。庄周是一直想走原物符合论的道路，未走通，终于走上了神秘主义和不可知主义。他始终认为正确的认识，应该是和被认识的客观符合无间的。这是极健康质朴的思想。

何谓和之以天倪？曰：是不是，然不然。是若果是也，则是之异乎不是也亦无辩；然若果然也，则然之异乎不然也亦无辩。化声之相待，若其不相待。和之以天倪，因之以曼衍，所以穷年也。忘年忘义，振于无竟，故寓诸无竟。

【疏】天倪者，自然之分也。承上文，辩论无益，无论如何不能达到所有系统的彻底调和，只有人皆满足于其自然之分，知止乎其所不知。

罔两问景曰："曩子行，今子止；曩子坐，今子起；何其无特操与？"景曰："吾有待而然者邪？吾所待又有待而然者邪？吾待蛇蚹蜩翼邪？恶识所以然！恶识所以不然！"

【疏】景即影，它为什么行，为什么止呢？好像决定于形。这是极肤浅的看法。一切事物皆独化，影当然也是如此。所谓独化，即内因决定一切。行者，自行也。止者，自止也。推而广之，存者，自存也。亡者，自亡也。成者，自成也。败者，自败也。假定影的行止决定于形，形的行止又决定于什么。这就是论文所谓"吾所待又有待而然者邪"。这样问下去，终无了局，非问出个上帝来不可，但庄生并不相信上帝。至于独化怎样个化法呢？庄生说不知道。故论文云："恶识所以然，恶识所以不然！"

昔者庄周梦为胡蝶，栩栩然胡蝶也（自喻适志与！），不知周也。俄然觉，则蘧蘧然周也。不知周之梦为胡蝶与，胡蝶之梦为周与？周与胡蝶，则必有分矣。此之谓物化。

【疏】刘文典说："'自喻适志与'五字隔断文义，……详其语意，似是后人注羼入正文。《艺文类聚》虫豸部，《太平御览》九百四十五引并无此五字。三百九十七引有。盖唐代犹有无此五字之本。"刘说是。齐梦觉，齐生死，上文已发挥尽致，最后以庄周梦为蝴蝶作结，盖自喻其自在纵横，逍遥任运，无所不可之意。醒时分明是庄周，梦中分明是蝴蝶。说庄周梦为蝴蝶可，说蝴蝶梦为庄周，亦可。

后 记

明末大思想家王船山《读通鉴论》卷十七，论梁武帝之亡国，由于佞佛，而佛法之入中国，安土生根，由于老庄之开门揖盗，时在东晋。无家鬼绝不能勾来外邪。他写道："古今之大害有三：老庄也，浮屠也，申、韩也。三者之致祸异，而相沿以生，其合必归于一。不相济则祸犹浅，而相沿则祸必烈。庄生之教，得其泛滥者，则荡而丧志。何晏、王衍之所以败也。……自晋以后，清谈之士，始附会以老、庄之微词，而陵蔑忠孝、解散廉偶之说，始熺然而与君子之道相抗。唐、宋以还，……于是而以无善无恶、销人伦、灭天理者，谓之良知；于是而以事事无碍之行亇，恣其奔欲无度者为率性，……于是而以廉耻为桎梏，君父为萍梗，无所不为为游戏，可夷狄，可盗贼，……无一而不本于庄生之绪论……"

以上，船山之于老庄可谓深恶痛绝，其批判可谓深入其肪腑矣。然而在同时，他又说："庄生之教，节取其大略而不淫，以息烦苛之天下，则王道虽不足以兴，而犹足以小康，则文景是矣。"在同书十二及十三卷，他又赞美王导之治江东，深沉静定，规恢弘大；知清谈之风太盛，无益于国，而不亟亟求去之，知陶侃、卞令、陈颙等公忠为国，委任之使得展其器才，而调节其与清谈名士之矛盾。不如是则半壁山河尚未必能保，更谈不到匡复中原。又在同卷书中论谢安以静立功。论风流人物中自有真才。有人谓江左风流为乱阶，船山斥为皮相之见。

按：上引船山立论，绝无矛盾。对于老、庄之道，关键在于善学不善学。我认为先秦九流，皆专家之学。为欲完成其一家之体系，不得不逞其一往之谈。庄生既标齐物，便不得不举人类与一切飞、走皆齐。其实不过空存其理。故其理论虽不一定有多少实用价值，但观览其运思属文，结构精严，条理缜密，亦足以琢磨心思，消遣假日。孔子说："博弈犹贤"，犹贤于什么他未说明。以意度之，只能说犹贤于顾亭林所呵斥的北方之人之饱食终日，无所用心，南方之人之群居终日，言不及义。对若是之辈，孔子欲以博弈治之。盖深恶不动脑筋及下流放荡之同于飞、走也。如使庄生之书欲侪于博弈之术而不得，则亦不思之甚矣。可乎？不独道家老庄如此，其他各家诸流皆如此。最有实用价值的是法家。魏武、诸葛用之而国富兵强，官吏清肃，然而也只见效于一时。王安石用之，则闹得鸡飞狗跳，民不聊生，国论纷乱如丝。

又船山在《宋论》卷一，论宋太祖时，以汉文帝作对比。他说：汉文帝"能忍人之所不能忍，能让人之所不能让"。这不一定是赞美。他又说："乃其忍也，蓄刑杀于心而姑忍之也。"老、庄和申、韩是一件事情的两面，以船山之深刻，当然看得清楚不过。文帝忍了一辈子，景帝总算又忍了一辈子。半个世纪以后，武帝应运而生了。这也算是个天之骄子罢。对于道家的学说，对于船山这样深刻的观察；对于历史上这类重大的变化，该怎样运用唯物史观这一科学武器对它做出恰如其分的解释，是太有意义的一项工作。

《离骚》简释

帝高阳之苗裔兮，朕皇考曰伯庸。摄提贞于孟陬兮，惟庚寅吾以降。皇览揆余初度兮，肇锡余以嘉名。名余曰正则兮，字余曰灵均。

【释】“高阳”：颛顼有天下的称号。“苗裔”：后人。“朕”：我。“皇考”：皇有大义。“考”称父或祖父以上的先人均可。皇考连在一起则称除父以外的先人。《离骚》入手即提出皇考伯庸，这位伯庸一定是他先人中一位出色的人物。参看王泗原《离骚语文疏解》。“摄提”：岁星在寅叫作摄提格。岁星即今天所谓木星。十二年绕太阳一周，一年为一宫，共分十二宫。摄提格乃十二宫中的一宫。“贞”：当也，正也。“孟陬”：正月。“览揆”：观察衡量也。“初度”：旧解为生日或始生。王泗原解为初冠，今从之。单独的皇字不能作父讲，作大讲也不成话。故皇览揆余初度的“皇”即指楚王。男子的冠礼在古代是大典，行冠礼时正式命名。屈原是贵族，故冠礼能有国王那样的贵宾参加，由国王给他正式命名。据萧云从绘的《离骚图》，形象也完全与冠礼相合。“肇”：始也。“锡”：赐也。“嘉”：美也。

纷吾既有此内美兮，又重之以修能。扈江离与辟芷兮，纫秋兰以为佩。汩余若将不及兮，恐年岁之不吾与。朝搴阰之木兰兮，夕揽洲之宿莽。日月忽其不淹兮，春与秋其代序。惟草木之零落兮，恐美人之迟暮。不抚壮而弃秽兮，何不改乎此度？乘骐骥以驰骋兮，来！吾道夫先路。

【释】“纷”：盛也。“修能”：长才也。“扈”：披在身上。“江离”、“辟芷”：皆香草名。“纫”：用线穿上。“汩”：水疾流貌。“汩余若将不及”以下八句写诗人流连光景，热爱生活。“搴”：拔取也。“揽”：采也。“阰”：小山。“宿莽”：草名，冬生不死者。“淹”：留也。最后四句对怀王说话，希望他乘年富力强之时奋发有为，改弦更张。“度”：态度。“骐骥”：良马。“驰骋”：疾行。“道夫先路”：意谓怀王如能振作起来，诗人愿做开路先锋。

昔三后之纯粹兮，固众芳之所在。杂申椒与菌桂兮，岂维纫夫蕙茝！彼尧舜之耿介兮，既遵道而得路；何桀纣之猖披兮，夫唯捷径以窘步。惟党人之偷乐兮，路幽昧以险隘。岂余身之惮殃兮，恐皇舆之败绩。忽奔走以先后兮，及前王之踵武。荃不察余之中情兮，反信谗而齌怒。余固知謇謇之为患兮，忍而不能舍也。指九天以为正兮，夫惟灵修之故也。曰黄昏以为期兮，羌中道而改路！初既与余成言兮，后悔遁而有他。余既不难夫别离兮，伤灵修之数化。

【释】三后指汤、禹、文王。“纯粹”：德行精美。“申椒”、“菌桂”都是香木，蕙茝是香草。“耿介”：光明正大。“披”：邪恶也。“偷”：苟且。“幽昧”：黑暗。“隘”：狭也。“惮”：畏惧。“殃”：灾祸。“败绩”：一败涂地。“踵武”：离脚跟儿不远。“荃”：香草名，用作代词，指怀王。“齌怒”：暴怒。“謇謇”：忠言直谏。“灵修”：言其明智而善修饰，妇悦其夫的称呼。“羌”：发语词，表示惊讶语气。

“成言”：约定。“数化”：即《诗·氓》“二三其德”之意。

余既滋兰之九畹兮，又树蕙之百亩。畦留夷与揭车兮，杂杜衡与芳芷。冀枝叶之峻茂兮，愿竢时乎吾将刈。虽萎绝其亦何伤兮，哀众芳之芜秽。

【释】“滋”：栽培。“畹”：三十亩。“畦”：分区种植。“留夷”、“揭车”皆香草。“冀”：希望。“竢”：等待。大意是以培植香草比喻培育贤才，自己在这方面很下了一番苦心。众芳芜秽者，在党人偷乐的恶势力影响下，忠贞之士也不能自守了。此意在后面还有具体交待。

众皆竞进以贪婪兮，凭不厌乎求索。羌内恕己以量人兮，各兴心而嫉妒。忽驰骛以追逐兮，非余心之所急。老冉冉其将至兮，恐修名之不立。朝饮木兰之坠露兮，夕餐秋菊之落英。苟余情其信姱以练要兮，长顑颔亦何伤？擥木根以结茝兮，贯薜荔之落蕊。矫菌桂以纫蕙兮，索胡绳之纚纚。謇吾法乎前修兮，非世俗之所服。虽不周于今之人兮，愿依彭咸之遗则。

【释】“婪”：爱财曰贪，爱食曰婪。“凭”：满也。“恕己量人”：责己甚宽，责人甚苛。“兴心嫉妒”：起了嫉妒的念头。“忽”：急急。“驰骛”：一个劲往上爬，争名争利。“冉冉”：渐渐。“修名”：修洁之名。修名和当时一般腐化贵族所追求的名有本质不同，乃烈士轻生尚勇敢死好名之名，乃孔子所谓“君子疾没世而名不称焉”之名。读此句令人顿有顽廉懦立之概。“落英”：始英也。五臣云：“饮露餐英，取其香洁以合己之德。”此节和上文“滋兰”九畹同，无非象征诗人修洁的风格，高尚的志趣。如“落”字训为零落之落，则芬芳消歇，餐之何所取义乎？“情”：德行也。“姱”：美也。“练要”：精纯也。“顑颔”：食不足而面黄之貌。“擥”：持也。“贯”：穿也。“薜荔”：香草也。“矫”：举也。“索”：搓索。《诗·七月》：“宵尔索绹。”“胡绳”：香草，可作绳索。此节写他在道德和艺术上刻苦自励不肯放松。由于这，他和当时腐化贪污的贵族好恶相左了。“不周”：不合也。“彭咸”：殷贤大夫，谏君不听，投水而死。

长太息以掩涕兮，哀民生之多艰。余虽好修姱以鞿羁兮，謇朝谇而夕替。既替余以蕙纕兮，又申之以揽茝。亦余心之所善兮，虽九死其犹未悔。怨灵修之浩荡兮，终不察夫民心。众女嫉余之蛾眉兮，谣诼谓余以善淫。固时俗之工巧兮，偭规矩而改错。背绳墨以追曲兮，竞周容以为度。忳郁邑余侘傺兮，吾独穷困乎此时也。宁溘死以流亡兮，余不忍为此态也。鸷鸟之不群兮，自前世而固然。何方圜之能周兮，夫孰异道而相安？屈心而抑志兮，忍尤而攘诟。伏清白以死直兮，固前圣之所厚。

【释】“鞿”：马缰绳。“羁”：马络头。自喻能约束，不肯放纵。全句意谓既风流而又严肃。“朝谇”：早晨进谏。“夕替”：晚上贬斥。“蕙纕”：蕙似兰而香略次于兰。纕是佩带。“替”：王泗原说乃“簮”字之误，今从之。“申”：加也，表示他在道德和艺术上自强不息，精益求精，不因受到打击而有所衰减。“九死”：九者数之极，不必恰是九次。“浩荡”：无知貌。“谣诼”：流言。“众女”：即上官大夫一流人。“偭”：背道而驰。“错”：措施。“绳墨”：即墨斗绳。背弃了它，则所追求的将不是“直”而是“曲”。“周容”：苟合取容。这里重申上面所写当时腐化贵族的丑恶形象。诗人陷于光荣孤立的困境中的原因不难理解了。“忳”：烦闷。“侘傺”：失意。“溘死”：忽然死去。“鸷鸟”：鸟类中之勇猛者，诗人自喻。“圜”：圆。“周”：合也。方圆不能相合，喻诗人修洁的风格和当时苟合取容的贵族谈不到一处。“忍尤”：忍受斥责。“攘诟”：攘借为让，遇到咒骂，只有退让。“伏清白”：抱清白的节操。“死直”：为直道而死。“厚”：重视。

悔相道之不察兮，延伫乎吾将反。回朕车以复路兮，及行迷之未远。步余马于兰皋兮，驰椒丘且焉止息。进不入以离尤兮，退将复修吾初服。制芰荷以为衣兮，集芙蓉以为裳。不吾知其亦已兮，苟余情其信芳。高余冠之岌岌兮，长余佩之陆离。芳与泽其杂糅兮，惟昭质其犹未亏。忽反顾以游目兮，将往观乎四荒。佩缤纷其繁饰兮，芳菲菲其弥章。民生各有所乐兮，余独好修以为常。虽体解吾犹未变兮，岂余心之可惩。

【释】“相”：视察。“察”：仔细。“延”：长久。“伫”：立也。“离”：即《离骚》之离，遭遇也。离尤即遭到斥责。“芰荷”：菱花。“芙蓉”：莲花。“岌岌”：高的形象。“陆离”：光彩的形象。“芳”：香物。“泽”：臭物。芳泽杂糅即黑白不分之意。“昭”：明也。“亏”：歇也。“缤纷”：盛也。“芳菲菲”：犹今语香气勃勃。“章”：明也。“体解”：犹今语宰成八块。“惩”：悔改。按：这一节虽一开始便提出“悔”字，接着又说“吾将反”，但并非消极妥协之意。读最后二语，诗人之意分明可见。悔者过去把“致君尧舜上”的事业看得太简单，未免太天真了。现道既不行，将退而自修，使自己在道德和艺术上更精纯深粹。诗人之志愈挫愈坚。“将往观乎四荒”一语为下文上天入地驰骋幻想作伏线。

女媭之婵媛兮，申申其詈予，曰鲧婞直以亡身兮，终然殀乎羽之野。汝何博謇而好修兮，纷独有此姱节？薋菉葹以盈室兮，判独离而不服。众不可户说兮，孰云察余之中情？世并举而好朋兮，夫何茕独而不予听？

【释】“女媭”：屈原的侍女。“婵媛”：缠绵多情。“申申”：私下里。“鲧”：禹的父亲。“婞”：刚强易怒。“殀”：早死。“羽”：山名。“薋”：蒺藜。“菉”：和葹都是恶草。“判”：别也。“户说”：说服每一家的人。按：女媭之意，希望屈原应随和一点，不要太孤高傲俗，并非要他和上官大夫一流人同流合污。

依前圣以节中兮，喟凭心而历兹。济沅湘以南征兮，就重华而陈辞：启《九辩》与《九歌》兮，夏康娱以自纵。不顾难以图后兮，五子用失乎家巷。羿淫游以佚畋兮，又好射夫封狐。固乱流其鲜终兮，浞又贪夫厥家。浇身被服强圉兮，纵欲而不忍。日康娱而自忘兮，厥首用夫颠陨。夏桀之常违兮，乃遂焉而逢殃。后辛之菹醢兮，殷宗用而不长。汤禹俨而祗敬兮，周论道而莫差。举贤而授能兮，循绳墨而不颇。皇天无私阿兮，览民德焉错辅。夫维圣哲以茂行兮，苟得用此下土。瞻前而顾后兮，相观民之计极。夫孰非义而可用兮？孰非善而可服？阽余身而危死兮，览余初其犹未悔。不量凿而正枘兮，固前修以菹醢。曾歔欷余郁邑兮，哀朕时之不当。揽茹蕙以掩涕兮，霑余襟之浪浪。

【释】“依前圣以节中”的“以”字，当从《文选》作“之”，遵照前圣的节操和中正不偏的标准。“喟”：叹息声。“凭”：愤怒。“历”：遭遇。“兹”：此，指当前的处境。“沅湘”：皆水名。“重华”：

舜的别名，据说舜葬在九嶷山。言无听，唱无和，故只有向先圣诉苦。“启”：禹之子。《九辩》、《九歌》：皆禹的乐章。“夏康”：即太康，启之子。“巷”：当从王引之作“閧”，家閧即太康和兄弟五观闹内部不团结。“失”：当从王引之删去。“封”：大。“乱流”：淫乱之徒。“浞”：羿之臣，他杀了羿，又强占了羿之妻。“浇”：浞之子。“强圉”：强壮多力。“纵欲不忍”：放纵而不能约束自己。“厥家”、“厥首”：“厥”都当“其”讲。“用乎”：因而。“颠陨”：掉下来。“夏桀常违”：违背天道。“遂”：犯了罪。“后辛”：殷纣王。“菹”：酢菜。“醢”：肉酱。“俨”：畏也。“祗敬”：敬也。“周”：周家也。“差”：过错。“颇”：偏差。“阿”：偏爱。“错”：置也。“辅”：佐也。“民德”：“德”字据王泗原说作“心”讲，今从之。“茂”：盛也。这里当美好讲。“相观”的“观”字王泗原说是衍文，今从之。“极”是修饰“相”的副词。“服”：用。“阽”：挨近。“凿”：木孔。“枘”：刻木端所以入凿者也。喻屈原自己，凿喻楚王。“曾”：屡屡。“歔欷”：哭泣声。“郁邑”：忧愁。“茹”：柔软。“霑”：同“沾”。“浪浪”：流泪貌。“朕时不当”：生不逢时。

跪敷衽以陈辞兮，耿吾既得此中正。驷玉虬以乘鹥兮，溘埃风余上征。朝发轫于苍梧兮，夕余至乎县圃。欲少留此灵琐兮，日忽忽其将暮。吾令羲和弭节兮，望崦嵫而勿迫。路曼曼其修远兮，吾将上下而求索。饮余马于咸池兮，总余辔乎扶桑。折若木以拂日兮，聊逍遥以相羊。前望舒使先驱兮，后飞廉使奔属。鸾皇为余先戒兮，雷师告余以未具。吾令凤鸟飞腾兮，继之以日夜。飘风屯其相离兮，帅云霓而来御。纷总总其离合兮，斑陆离其上下。吾令帝阍开关兮，倚阊阖而望予。时暧暧其将罢兮，结幽兰而延伫。

【释】“敷”：铺。“衽”：前衣。“耿”：光明。“虬”：龙属。“鷖”：凤凰别名。“驷玉虬”：驷即驾，全意是驾四个龙。“溘”：忽。“埃”：尘。朱熹云：“跪而敷衽以陈如上之词于舜，而耿然自觉，吾心已得此中正之道，上与天通，无所间隔，是以埃风忽起，而余遂乘龙跨凤以上征也。然此以下，多假托之词，非实有是物与是事也。”“轫”：车轮前横木。“发轫”：车出发时，把横木去掉。“苍梧”：地名，九嶷山即在苍梧，舜所葬地。“县圃”：在昆仑山上，高极了，据说可以通到天上。“灵琐”：神灵的门上刻着花纹如连琐。“羲和”：太阳神。“弭”：停。弭节：即使时间打住，勿如流水急速驶去。令羲和弭节，此中有无限流连光景，爱惜年华之意，说之不能尽。“崦嵫”：太阳所入之山，山下有蒙水，蒙水中有虞渊。“迫”：附也。虽已看到虞渊，不想使太阳立刻就入于虞渊。不特词彩鲜艳之极，热爱人生的烈火一般的真挚感情说之不尽，体之不尽。“路曼曼”二句，二千年来不知感动了多少人；说之不尽，体之不尽。“曼曼”：远貌。“修”：长也。“咸池”：日浴处。“总”：结上。“扶桑”：出太阳的地方的一棵树。“若木”：太阳没处的一棵树。“拂”：击也。拂日是想使太阳落得慢一点。极写出烈士孤臣的一片无可奈何的心情。精卫填海，愚公移山，皆此物此志也。“望舒”：月御。“飞廉”：风伯。“先驱”：在前开路。“奔属”：在后随从。“先戒”：事先准备。“未具”：尚未准备齐全。“飘风”：回风。“屯”：回风起而尘土聚成柱形谓之屯。“云霓”：云霞。“御”：迎接。“总总”：聚集貌。“斑”：多样。“陆离”：光彩貌。“帝阍”：替上帝看守天门的神。“阊阖”：天门。“暧暧”：昏暗貌。已经到了天门之外，想入见上帝，再陈说一遍自己的苦情，无奈帝阍不肯开门，倚门而望。旧说望舒、飞廉、雷师、鸾皇、凤鸟都是比喻君子，即善和义的势力。飘风、云霓比喻小人，即和屈原不两立的恶势力。

世溷浊而不分兮，好蔽美而嫉妬。朝吾将济于白水兮，登阆风而绁马。忽反顾以流涕兮，哀高丘之无女。溘吾游此春宫兮，折琼枝以继佩。及荣华之未落兮，相下女之可诒。吾令丰隆乘云兮，求宓妃之所在。解佩纕以结言兮，吾令蹇修以为理。纷总总其离合兮，忽纬繣其难迁。夕归次于穷石兮，朝濯发乎洧盘。保厥美以骄傲兮，日康娱以淫游。虽信美而无礼兮，来违弃而改求。览相观于四极兮，周流乎天余乃下。望瑶台之偃蹇兮，见有娀之佚女。吾令鸩为媒兮，鸩告余以不好。雄鸠之鸣逝兮，余犹恶其佻巧。心犹豫而狐疑兮，欲自适而不可。凤皇既受诒兮，恐高辛之先我。欲远集而无所止兮，聊浮游以逍遥。及少康之未家兮，留有虞之二姚。理弱而媒拙兮，恐导言之不固。世溷浊而嫉贤兮，好蔽美而称恶。闺中既以邃远兮，哲王又不寤。怀朕情而不发兮，余焉能忍与此终古？

【释】“溷”：乱也。“不分”：不分是非。“白水”：出自昆仑山。“阆风”：山名，在昆仑之上。“绁”：系也。“高邱”：楚有高丘之山。“春宫”：东方青帝之舍。“琼枝”：玉树的枝。“诒”：同“贻”，赠送。“丰隆”：云师。“宓妃”：羲皇女，溺洛河而死，遂为洛神。“结言”：交谈。“蹇修”：古注都说是伏羲氏之臣。章太炎先生引“释乐”谓“鼓钟谓之蹇。鼓磬谓之修”。故“令蹇修为理”，即《史记·司马相如传》，相如以琴心挑文君之意。（见《菿汉闲话》）“为理”：为媒。“纬繣”：乖戾。“难迁”：谓宓妃之意难迁，即不接受求爱的请求。“穷石”：山名，据说在张掖。“洧盘”：水名，出崦嵫山。“览相观”于四极句中“览观”二字，王泗原都校为衍文，今从之。“偃蹇”：高而长貌。“有娀”，国名。“佚”：美也。有娀佚女据说是商始祖帝喾之妃，契之母简狄也。“瑶台”：《吕氏春秋》云：“有娀氏有美女，筑高台以居之。”“鸩”：鸟也，大而羽有毒。“鸠”：鸟也，多声。“佻巧”：轻佻巧诈。“犹豫”：踌躇不决。“狐疑”：狐性多疑，故以此词形容人的寡断。“自适”：不假媒而直接通诚于对方。“受诒”：受了高辛氏的委任。“高辛”：帝喾有天下之称号。“少康”：夏朝被羿搞乱了，后又中兴了，少康是中兴的一位名王。“有虞二姚”：少康在恢复故国前，曾出奔在有虞国，有虞将两位姑娘嫁给他。“未家”：未成家，即尚未娶有虞二姚。“理弱”：理由不充分。

索藑茅以筵篿兮，命灵氛为余占之。曰两美其必合兮，孰信修而慕之？思九州之博大兮，岂唯是其有女？曰勉远逝而无狐疑兮，孰求美而释女？何所独无芳草兮，尔何怀乎故宇？世幽昧以眩曜兮，孰云察余之善恶。民好恶其不同兮，惟此党人其独异。户服艾以盈要兮，谓幽兰其不可佩。览察草木其犹未得兮，岂珵美之能当？苏粪壤以充帏兮，谓申椒其不芳。

【释】“索”：取也。“藑茅”：灵草也。“筵”：小竹棍。“篿”：占卜。“灵氛”：巫也。“故宇”：旧居，指楚国。“幽昧”：黑暗。“眩曜”：迷乱貌。“艾”：恶草。“要”：与“腰”同。“珵”：美玉。“苏”：取也。“帏”：香囊。

欲从灵氛之吉占兮，心犹豫而狐疑。巫咸将夕降兮，怀椒糈而要之。百神翳其备降兮，九疑缤其并迎。皇剡剡其扬灵兮，告余以吉故。曰：“勉升降以上下兮，求榘矱之所同。汤禹严而求合兮，挚咎繇而能调。苟中情其好修兮，又何必用夫行媒。说操筑于傅岩兮，武丁用而不疑。吕望之鼓刀兮，遭周文而得举。宁戚之讴歌兮，齐桓闻以该辅。及年岁之未晏兮，时亦犹其未央。恐鹈鴂之先鸣兮，使夫百草为之不芳。”何琼佩之偃蹇兮，众薆然而蔽之。惟此党人之不谅兮，恐嫉妒而折之。时缤纷其变易兮，又何可以淹留。兰芷变而不芳兮，荃蕙化而为茅。何昔日之芳草兮，今直为此萧艾也。岂其有他故兮，莫好修之害也。余以兰为可恃兮，羌无实而容长，委厥美以从俗兮，苟得列乎众芳。椒专佞以慢慆兮，榝又欲充夫佩帏。既干进而务入兮，又何芳之能祗。固时俗之流从兮，又孰能无变化。览椒兰其若兹兮，又况揭车与江离？惟兹佩之可贵兮，委厥美而历兹。芳菲菲而难亏兮，芬至今犹未沬。和调度以自娱兮，聊浮游而求女。及余饰之方壮兮，周流观乎上下。

【释】“巫咸”：殷代神巫，名咸。“椒”：香物。“糈”：精米，供神用品。“翳”：盛貌。“备”：即都。“九疑”：九疑之神。“皇”：谓百神。“剡剡”：光晃动貌。“扬灵”：显扬灵异。“榘”：同“矩”。“矱”：法度。“严”：严肃。“求合”：寻求志同道合的人。“挚”：伊尹名。“咎繇”：禹臣。“调”：和合。“说”：人名，傅说也。傅说他在傅岩地方做筑墙的苦工。“武丁”：殷高宗。“吕望”：姜太公。“宁戚”：卫人，齐桓公的大夫。“该”：他。“晏”：晚。“央”：尽。“鹈鴂”：鸟名，即杜鹃。初夏时鸣。鸣则草木敷荣，花时已过。“偃蹇”：众盛貌。“薆然”：遮蔽貌。“缤纷”：乱。“兰芷不芳，荃蕙为茅”：谓值小人道长，君子道消之日，一二忠贞之士已不能自守，而与恶势力同流合污矣。重申上面众芳芜秽之意。“佞”：奸言巧语。“慢慆”：傲慢。“榝”：茱萸。“祗”：敬。“兹佩”：指屈原自己。“沬”：消散。“调”：格调。“度”：法度。和调度即上文好修姱以鞿羁的意思。《离骚》总是将美和善双彰并提。“自娱”：利物济民已成梦想，故只有自娱忘忧。

灵氛既告余以吉占兮，历吉日乎吾将行。折琼枝以为羞兮，精琼爢以为粻。为余驾飞龙兮，杂瑶象以为车。何离心之可同兮，吾将远逝以自疏。邅吾道夫昆仑兮，路修远以周流。扬云霓之晻蔼兮，鸣玉鸾之啾啾。朝发轫于天津兮，夕余至乎西极。凤皇翼其承旂兮，高翱翔之翼翼。忽吾行此流沙兮，遵赤水而容与。麾蛟龙使梁津兮，诏西皇使涉予。路修远以多艰兮，腾众车使径待。路不周以左转兮，指西海以为期。屯余车其千乘兮，齐玉轪而并驰。驾八龙之蜿蜿兮，载云旗之委蛇。抑志而弭节兮，神高驰之邈邈。奏《九歌》而舞《韶》兮，聊假日以媮乐。陟升皇之赫戏兮，忽临睨夫旧乡。仆夫悲余马怀兮，蜷局顾而不行。

【释】朱熹曰："屈原托为此行，而终无所诣，周流上下，而卒反于楚焉，亦仁之至而义之尽也。""历"：选择。"羞"：肉和菜。"精"：细米。"靡"：碎屑。"粻"：即粮也。"邅"：转。"晻蔼"：浮云蔽日之状。"啾啾"：鸾鸣声。"天津"：天河。"西极"：犹今人言远西。"翼"：当从《文选》作"纷"，言其多也。"翱翔"：飞行貌。"翼翼"：整肃貌。"流沙"：沙漠。"赤水"：出昆仑山，入南海。"容与"：游戏貌。"麾"：以手指示曰麾，即"挥"字。"梁津"：在河上作桥。以蛟龙为桥于津上。诗人率领的这一支奇异队伍从容在上渡过了。"诏"：命令。"西皇"：西方之神。"腾"：驰也。"径"：小路。"不周"：山名。"屯"：陈列。"轪"：车轮。"蜿蜿"：龙身夭娇轻健之貌。"委蛇"：旗帜飘动之貌。"邈邈"：远貌。"韶"：舜的乐章。"假"：借。假日犹今语偷生之意。"媮"：即"愉"。"陟升"：皆上升义。"皇"：王泗原校为"阜"字之误，今从之。"赫戏"：表音词。"睨"：斜视。"旧乡"：楚国。"蜷局"：曲身回头，顾而不行。

乱曰：已矣哉！国无人莫我知兮，又何怀乎故都？既莫足与为美政兮，吾将从彭咸之所居。

【释】“乱”：整理，犹今语总结之意。

《离骚》试译

我本是古帝高阳氏的后裔，
伯庸是我祖父的名字。
岁星在寅的那一年正月，
庚寅的那一天，我呱呱坠地。
君王亲临了我的初冠之礼，
给我起了相称的美名：
大名他认为该叫作正则，
别号他认为该叫作灵均。
我生来就具有先天的美质，
我又博综技能，多艺多才。[①]
身上披着江离和幽芷的外衣，
腰系一条秋兰结成的飘飘的佩带。
夜以继日地我和时间赛跑[②]，
深恐怕年光逝水，不肯为我留住。
清晨我采木兰于山间，
黄昏我摘宿莽于洲渚。[③]

---

① 按：《离骚》原文以修能和内美对举。内美当属于一个人的道德品质，略当于孟子所谓德慧。修能当即孟子所谓术知，《史记》本传所谓博闻强记是也。以下二句才写到形象的美。用今天的标准，一个人政治觉悟高叫做内美，精通业务叫作修能。二者均和仪表装扮无关。

② 原文“若将不及”，即后世诗人秉烛夜游之意，是诗人的语言，也是英雄的语言。

③ 这是象征的语言，太史公所谓“其志洁，故其称物芳”是也。以下凡提到香草处，都用此手眼读。

太阳和月亮一刻也不肯留住，
春来秋往，往复若循环；
每想到，草木都不免于沦落飘零，
佳人又岂能长保美妙的红颜？
我的君王目前还正年富力强[①]，
改过自新，一寸光阴也不能放松。
我一心跨上名驹为你驱驰，
来呀，我一心做你的开路前锋！
从前曾经有过三位盛德的君王，
那时节，野无遗贤，朝廷上罗列群芳。[②]
不但把香茝和蕙草结成环佩，
连申椒和菌桂也都吐出奇香。
唐尧和虞舜是那样正大光明，
他们在正路上行走，王道荡荡；
桀纣为什么偏生要那样猖狂？
他们所认为的捷径是寸步难行。
宵小集团的人们只知道享乐，
他们的路子是又暗又仄；
我倒不怕我也要跟着倒霉，
怕的是毁了君王伟大的事业。
或在前，或在后，我为你而奔忙，
一心想使你赶上先代的名王。
你不鉴谅我心中区区的微忱，

① 原文是“不抚壮而弃秽兮，何不改乎此度？”主语省略而意义很明显。现代汉语和古汉语不同 此处主语非点明不可。

② 原文是“固众芳之所在”意指贤人，非指草木，意思很明显。在现代汉语里也非点明不可，点明时又不宜丢了原句，造语宜含混双关。

青蝇的谗言会无端把我中伤。
我明知口快心直不讨你欢喜，
可是，山河易改，我的禀性难移。
那九重高天在头上看得分明，
我是一心忠于君王，别无他意。
当初我和你有约在黄昏后，
刚走在中途，你突然把方向变。
信誓旦旦是你当初的话语，
后来你反悔了，又把他人眷恋。
可悲的是你为人太反复无常，
撒开手，我不会流泪一滴一点。
我为你辛勤栽植了九顷春兰，
也为你辛勤栽植了百亩秋蕙；
留夷和揭车遍地都是，
杜衡和芳芷也都给了她们地位。
我一心希望她们繁荣成长，
我要收割，我为你树物树人。①
我枯槁而死，我心所甘。
不忍见，名花肮脏逐风尘！②
世上人都一个劲争权夺利，
分明已经吃饱了，还嚷不够。
百般原谅自己而苛刻论人，
他们是与接为构，日以心斗。
为了权，为了利，他们四处奔走。

---

① 见第 81 页注③及第 82 页注②。
② 这儿用的是《红楼梦》十二支曲子中咏妙玉的那一支曲中的一句，微变其词与意。

我所关心的可不是这一套。
我只愁修洁的声名尚未树立，
无情的岁月已经催人衰老。
清晨，我吸饮兰花上未晞的甘露，
黄昏，我采食东篱下刚开的黄花。
肉体的生命我任凭它面黄肌瘦，
只要我高贵的品质吐出灿烂的光华。①
我手持白芷结成一个花环，
又轻灵地穿上薜荔的花蕊，
我让菌桂上点缀着蕙英，
把胡绳制成一根新鲜的花索。②
一心效法的是前代的圣贤，
这未免不合乎今天的时宜。
任他世上人看我全不顺眼，
我遵循着彭咸留下的光辉的范例。
长叹一声，我不禁泪随声落，
观生，观苦，人世剧酸辛！③
我虽俱有高贵风华而善自我约束④，
刚一开口就被逐出王廷。

---

① 原文“姱以练要”兼指美和德，双彰并提，内容甚富，很难译。原文“情”字既非感情之情，亦非风情之情，乃情况之情。什么的情况呢？德行的情况。即孟子“乃若其情，则可以为善矣”的情。现代汉语“情”字无此用法，读者细心求之。

② 见第81页注③。

③ 原句“哀民生之多艰”，游国恩指出屈原用“民”这个字实质指他自己。甚是，如解为一般人民，则在《离骚》全诗中均无根、无照应。这当然不是说屈原不爱人民，他要行“美政”也是为人民。只是说这里的“民”字不指一般人民。译文“观生”二字用《易经》观卦，“观苦”二字本于《内典》，取其既雅，又不难懂，和原文似也还贴合。这句即下文“哀时不当”之意。

④ 这一句仍是善和美，道德和艺术双彰并提，内容甚富。

本来，身佩香蕙我未免过分孤高，
我还要用白芷来增加我的清艳。[①]
我活着，就是为了美的追求，
就令我死一百回我也死而无怨。
无限怨恨都是为了君王，
他全不理解我为他的一片心肠。
娘儿们分明是嫉妬我弯环的蛾眉！
却制造流言，说我生性十分淫荡。
原来世上人所称道的聪明，
就是不依规矩而任意胡行。
违背了绳墨有心歪曲真理；
苟合取容是他们遵奉的圣经。
忧愁，烦闷和失意的情绪，
统治了我的心；碰着这个时代，
我唯有穷困而独来独往。
我情愿立刻流亡，立刻死去，
我不忍心学人们丑恶的形象。
鹰隼不能和凡鸟同群，
本来自古以来就是如此；
圆凿方枘自然不能契合，
邪正殊途，自然不能同行同止。
没奈何我也只有降心下气，
忍受着人们奇怪而无理的辱骂；
抱清白之躬而死忠贞之节，
我的心默契先圣于地下。

---

① 见第 81 页注③及第 82 页注②。

我忽然感觉到过去的认识全无是处[①]，
掉臂而行，我无庸再立马踌躇。
我要回头，转向我的来时路，
我还来得及纠正过去的错误。
我在兰皋之上，按辔逍遥，
我又到椒丘之上，下马游遨。[②]
我不能再盲目前进，遭受灾殃，
我将要退回江湖，栽种香草。
我把菱花织成上衣，
我把莲花织成下裳。
只要我自问是冰清玉洁，
君王不了解，又于我何妨？[③]
我头上的高冠巍巍峨峨，
我身上的玉佩铿锵琳琅。
尽管泾以渭浊，是非难明，
我光明的品质依然完好无恙。
忽然，我回过头来极目千里[④]，
我想要离开故国，观览四荒。
三佩发出古艳的光彩，
花气放出浓烈的奇香。
人们，都有一物使他迷恋，
唯我，一生爱好是天然。[⑤]

---

① 以下诗意一转，似有退而自放于江湖之意，而实非也。

② 原文“驰椒丘且焉止息”。诗意分明，先驰，驰到椒丘上休息，这时不驰了，不是以在椒丘上“驰”作为休息。在椒丘上驰马，岂不大煞风景乎？

③ 见第 81 页注③及第 82 页注②。

④ 诗意又一转，仍然和先前一样积极。

⑤ 原文“余独好修以为常”，译文出《牡丹亭》游园。语意完全相合。爱好即好修也。是天然即以为常也。愧于第一流的才人不能自铸伟词，未知得免于释皎然笨贼之讥否？

把我宰成八块我也不会变，
我的心，心似金石一般坚。
我多情的侍女心意缠绵，
她私下里给我提意见。
她说：那鲧！就因为天性刚硬，
故在羽山之下，被殛。
你为什么好说话，又有洁癖？
为什么独擅风华，意气飞扬？
瞧，蒺藜、王刍、枲耳遍地是，
你为什么敢说这都不香？
你总不能挨家挨户去说服每一个人。
今天，理解我们的还有何人？
人们：都是在成群结党，
偏你一个人孤零零地，成了空山的绝响。
我依据的是先圣中正的遗轨，
我不禁为我的遭遇而悲愤填膺。
我向南出发，渡过了沅水又湘水。
把我的悲苦诉向重华在天之灵[①]：
“夏启还能继承禹的《九辩》和《九歌》，
太康就一味贪欢而任性放纵。
他目光如豆，看不见不幸的后果，
于是他的兄弟五观和他发生内閧。
后羿淫于游观而好田猎，
一碰上大狐，他不射杀不肯放手。
浑旦当然不会有好的下场，

① 离开现实世界，进入幻想的世界。

于是奸臣寒浞把他的爱人抢走。
过浇，横行霸道，是寒浞之子，
他随心所欲，全不能克制自己。
他朝朝暮暮，在欢乐中自我陶醉，
他的脑袋因而离开了他的身体。
夏桀是根本不相信天道，
他就犯了大罪而遭受灾殃。[①]
殷纣把人做酢菜或刈成肉酱，
殷王朝因而不得久长。
汤和禹都是一贯地认真严肃，
周家在上世也执行了中正之道；
他们提拔的都是一代的贤人君子，
他们遵循着轨则，不敢偏私胡闹。
天上的真宰对谁都不偏袒，
谁有群众，谁就得到真宰的盼顾。[②]
圣人只有仗着卓越的德行，
才可能统治人世界广漠的疆土。
旷观历朝历代的治乱兴亡，
总结出来一条正确的道路；
除了义，人生没有路可走，
除了善，人生没有可走的路。
目前，我面对着死亡的危险，

---

① 原文“遂”字从王泗原的解释。见王泗原《离骚语文疏解》。

② 原文“览民德焉错辅”。王泗原解极精确不可易，民德即民心。《诗·氓》二三其德，德亦作心讲。错，置也。民心所归，上帝即置之辅的地位。不是民辅君，而是君辅民，屈原的政治哲学思想极光辉伟大，即此可见。这是先秦儒家的影响。

我思古人，我一点也不后悔。[1]
不管世道如何，我行我素，
先圣都曾因此而被刈成粉碎。
心中忧郁，我止不住两眼流泪，
自伤命犯华盖，我运乖时衰；
手持柔软的秋蕙轻轻拭泪，
泪痕沾满了菱花织就的衣衫。”[2]

长跪在地上吐诉了心中的悲苦，
我忽自觉光明在躬，天君泰然。[3]
以凤凰为车而以玉龙为马，
飘飘然、泠泠然，我登上青天。[4]
大清晨我离开了重华的苍梧，
黄昏时我到了昆仑山的悬圃。
我颇想在天门外流连光景，
可奈何日云暮矣，我势难久住。
我命令羲和暂留住大好夕阳[5]，
虞渊就近在咫尺，你何必匆忙？
我面前还有一望无际的征途，
我要追求，从天上一直到漠漠的穷荒。

---

① 原文“览余初其犹未悔”。洪兴祖《楚辞补注》云：初指上世伏节之贤士，又引五臣：谓初指屈原之初志。义则第一说较胜，论语法第二说较顺。今从第一说，下面紧接着说：“固前修以菹醢”，第一说呼应更密。

② 原文“霑余襟之浪浪”。译文因上有制芰荷以为衣一句，故云。可能是蛇足。

③ 见《离骚》原文拙注下引朱熹语，极精确的对屈原精神状态的剖析，就重华而陈辞乃入梦境之始，以下则河汉而无极矣。

④ 泠泠然本《庄子》“列子御风而行，泠然善也”。

⑤ 取李义山诗意。原句云：“夕阳无限好，只是近黄昏。”原句亦取自骚，今仍还之于骚。参看王泗原《离骚语文疏解》。

且让我的龙马在咸池饮水，
且让我在扶桑暂驻征辔。
我企图用若木阻住羲和的车轮[①]，
即使一刹那，我也可以徜徉快意。
我命令月华在我前面引路，
我命令风伯在我后面侍卫。
我命令鸾皇替我上下侦察，
雷师说：它没有做好充分准备。
我命令我胯下的凤鸟展翅飞腾，
不管白天黑夜，一刻也不能停顿，
飘风居然也来对我表示欢迎，
还率领了云霓，一大群牛鬼蛇神。[②]
它们的踪迹诡异无常，它们
形形色色，忽离忽合，
充满了上下八方。
我命令天国的守门之神开门迎我，
他背靠着天门两眼呆呆地瞧着我。[③]
若木未能阻住羲和的路[④]，
我手结幽兰，踌躇不能去。[⑤]
这世间已浑浊到了这步田地，
嫉妒心使人们睁眼否认客观的美。

---

① 以若木拂日，即入首恐年岁不吾与之意。后世人发抒此意，名篇虽多，皆不免失之于颓，《离骚》原文则以壮丽之笔写烈士孤臣无可奈何之情。参看王泗原《离骚语文疏解》。

② 此一段译文采旧说："美人香草以喻君子，飘风云霓以喻小人。"飘风非一般的风，大概它不归风伯管。云乃动荡不定之物，又能使日月失明，所以诗人不甚欢喜它。

③ 有日暮途穷，君将安归之意。

④ 原文"时暧暧其将罢兮"。"暧暧"，昏昧貌。足征若木之无灵也。这一句意义双关，言日暮途穷象征道消运衰。内容甚富。

⑤ "未免有情，谁能遣此"，是这一行诗最好的注解。

一到清晨我将要渡过白水，
登阆风山之巅系我的龙马。
这时，举目一回顾，我怆然涕下！
高丘上一片荒凉①，
故国竟无一个窈窈淑女！
我忽然来到青帝的殿堂，
折取得琼枝增加我身上的花香。
乘琼枝上花朵尚未凋落，
该赠给人间可意的娇娘。
我命令司云的丰隆驾着云车，
去寻求羲皇的闺女，洛水之神。②
我亲手解下了身上的佩纕，
通过钟磬之声去传达我的心声。
她始则乍离乍合，乍阴乍阳③，
她终于吐出了决裂的言辞。
她晚上还住在穷石的闺房，
她清晨却到洧盘去梳洗一缕青丝。
花容月貌助长了姑娘的骄傲，
她不守闺门，到处卖弄风流；
可惜美貌佳人完全不懂礼法，
这就证明她不是君子的好逑。
我在高空中遍观了四面八方，

① 原文“哀高丘之无女”。高丘象征楚国，女字的意义看拙文及游国恩《楚辞论文集》第191页以下。译文作窈窕淑女，取《红楼梦》警幻仙姑对贾宝玉说话的语意。曹雪芹的金陵尚有十二钗，屈原的楚国则连一钗也没有。

② 旧注都说宓妃即洛神。译文云云，取其词彩更艳丽。

③ 取陈思《洛神赋》语而微变之，和原文“纷总总其离合兮，忽纬繣其难迁”。不合而合，写出人神恋爱可解而不可解的玄奥意味。陈思亦取之于骚，今仍还之于骚。

游遍了天国，我又到下方来。
我发现有娀氏有一位好姑娘，
她安居在巍巍峨峨的一座瑶台。
我把介绍的任务交给了鸩鸟，
不料鸩鸟说：姑娘长得并不娇。
斑鸠我虽知道它能言善语，
我更知道他举止轻浮，未必可靠。
仔细思量，我不知如何是好，
拘于礼法，我总不能自我介绍。
高辛氏已经委托了凤凰，
只怕他已打动了姑娘的柔肠。
到那儿去也未必有我的止泊之所，
我姑且乘风逐流，任情飘荡。
虽然少康这时还未成家，
有虞氏还有一对待聘的闺娃；
我又觉得有点自惭形秽，
再加上蹇修无能，说什么，
人家听了都只当耳边风吹。①
世上浑浊，好人抬不起头，
坏人受到表扬，丑事当成佳话传播。
君王的觉悟不知在何年、月、日，
佳人的深闺对我又远若山河。②

① 原文“恐导言之不固”。极难译，译文云云，根据一为俗语：对人的话不重视，叫作只当耳边风，二为庄子虽说了一句：“夫言，非吹也。”终于证明了言还是吹也。与不固义似颇相合。

② 这两句是一篇诗的关键眼目。看拙文上句“闺中邃远”是梦境中追求的失败。下一句“哲王不寤”，乃不愉快而又无法变更的现实。故得出以下“怀朕情……”二句的结论。

一万种风情叫我向何处发泄？
这样的日子试问我怎样能过？[①]
我觅得灵草和占卦的竹枝，
请灵氛指示我前途的休咎，
她说："在这里谁个对你有情？[②]
可是好姻缘苍天早已配就。
想一想：九州该有多么宽广，
谁说：只有楚国才有娇丽的小娘？
你尽管放宽怀抱向四方寻求，
哪有春女不被你打动了心肠？
你看：芳草绿遍了天涯，
你何苦死守住寂寞的家乡！"
只怕黑暗和混乱统治着九州，
谁知道咱们孰短孰长？
人们的好恶本来不能一概相同，
但总不能像宵小集团那样颠倒。
他们硬说兰花一点不香，
却在身上挂满了野蒿那样的臭草。
连鉴别草木都这样无知愚蠢，
又怎能辨别美玉与顽石？
把粪土装满了口袋冒充香囊，
看见了申椒却一一赶尽杀绝。
虽打算听从灵氛吉祥的占辞，
但心里不免还是充满了狐疑。

---

① 参看王泗原《离骚语文疏解》对这一句的解释。

② 这以下四行诗王泗原认为是屈原的话，再以下方是灵氛的话。译文把这四行也认为是灵氛的话，一直到"尔何怀乎故宇"为止。读者可取王著比较参究。

听说巫咸今晚要降临尘世，
迎接她，我怀着香椒和精米。
百神下降了，满堂美女如云[①]，
英皇姊妹也一齐向前迎接。[②]
显赫的灵光如在上下左右[③]，
指示的语言和灵氛如出一辙。
“你该打消犹疑，出门远游，
去寻求和你尺度相同的知音。
汤和禹都曾认真地访求贤臣，
便遇着伊尹和皋陶其利断金。
如果自己真具有内在的美好，
即使毛遂自荐又有何妨？
傅说在傅岩之下从事劳作，
一遇到武丁，立刻置身庙堂。
吕望本是个操刀的屠夫，
得位行道，因为碰着周家的文王。
宁戚在饲牛时偶然高歌，
齐桓一听便立刻振动了心弦。
乘目前好时候还未过去，
该珍惜佳人锦瑟的华年。

---

① 原文“百神翳其备降兮”，翳字旧注都解为“蔽”。王泗原解为盛，即诗“出其东门，有女如云”的意思。今从之。

② 原文“九嶷缤其并迎”。旧注九嶷是九嶷山神，译文云云，理由：《水经·湘水注》：“大舜之涉方也；二妃从征，溺于湘江。神游洞庭之渊，出入潇湘之浦。”《山海经》也有关于二妃类似的神话。旧注山神，不合认为是山神土地的山神，经常被孙悟空打五棍的倒霉蛋；因按神话系统，一山的山神只有一个，缤其并迎的缤字就难讲了。且旧注说：是舜命令她们来迎接天上的百神的。设想她们是娥皇女英就更有理由了。再一个理由是：译作英皇姊妹诗句更鲜艳一些。

③ 原文无非是说百神下降，硬是有那回事。译句本《诗·大雅·文王》而微变之。

转瞬间听杜鹃一声啼血，
那时节，红断香消飞满天。”[1]
为什么这样美的琼佩，
被人掩蔽住不能放出光辉？
宵小集团的行动诡诈无常，
嫉妒心使他们对我百端诽毁。
世间事翻手为云，覆手为雨，
我决不能再淹留在我的故乡。
可叹荃蕙都已纷纷化而为茅[2]，
连兰芷也失去了昔日的旧香。
为什么以前都是芳草，
今天却堕落成为萧艾？
由于他们放弃了内在的修持，
说原因却也十分简单。
我以为幽兰总该可靠，
谁知道他也是金玉其外。
以那样美质而甘心下流，
她不惜变成恶草与世俗和谐。
香椒专一献媚而又狂妄，
茱萸但求置身于香囊。
既一心一意只想悦世取宠，
自然就不爱惜旧日之余芳。
风气所趋是随波逐流，
她们纷纷变节又何足为奇？
连香椒和幽兰都不能自保，

---

① 参看王泗原《离骚语文疏解》。极精。红断香消即王逸华英摧落之意。
② 自此以下，畅宣上文哀众芳芜秽之旨。

又何责于揭车和那江离？
最可靠的是我身上的琼佩。
受尽了摧残依然香气勃勃，
香气永远不会衰微消歇。①
保持着风流格调，我聊以自娱②，
我向九州四海去寻求佳丽。
趁我目前还正年富力强，
我将上穷碧落，下临无地。
灵氛占卜的结果十分吉祥，
选择了好日子，我离开故乡。
折玉树的琼枝作为路菜，
碾白璧为玉屑作为食粮。
替我驾起飞龙，再配合上瑶象，
飞龙瑶象组成车辆千乘。③
和不同心的人有什么法子一条心？
我将远离开他们，异域浮沉。
我将从昆仑山下经过，
路是远，我不知止于何所。
云旗展开，遮住了白日的光辉，
鸾鸟齐鸣，啾啾的声音互相唱和。④
清晨我出发自耿耿的银河，
黄昏我止宿于远西的边际。
凤凰展开翅，一飞冲天，

---

① 这两行实在难译，译文拙劣，但一点办法没有。
② 参看朱熹《楚辞集注》。
③ 译文根据王泗原《离骚语文疏解》，其说实远较旧义为胜。
④ 也是根据王著，说得极好。

撑着我的旌旗，排列得整整齐齐。[①]
我突然行到了流沙河，
我沿着赤水而徜徉。
我命令蛟龙化身为桥，
我命令白帝渡我西航。
路是远，路上有千艰万苦，
我命令仪仗、侍从由间道驰去，
在不周山下我折向左转，
遥指着西海，我们将在碧海的烟波之间相遇。
仪仗侍从的列车超过千辆，
玉轮驰逐风尘，并辔而行。
一个个驾着八龙，腾空矫健，
一个个擎着云旗，参差飘荡。
我按辔徐行，抑制着高亢的意志，
我精神飞越，上通于邈邈的帝乡。[②]
我奏着《九歌》，舞着《九韶》，
我暂且享受着今天的欢乐。
正打着号子升上了高阜的时候，
眼前突然出现了故国的城郭[③]，
我的仆夫、我的马，再也不肯向前，
依恋回顾，它们厌倦了异乡的飘泊！[④]

---

① 参看王著，译文与之理解一致。

② 以无可奈何的心情驰骋幻想，然而写得精神饱满，意气昂扬，毫无一点颓唐之气绕其笔端。“骚人之心，深不可量。”岂虚言哉？

③ 一篇长诗的结穴处。参看拙文。从现实世界出发，仍归宿到现实世界，虽然现实世界里并没有诗人的位置。这就叫作爱国的诗人。

④ 旧说《离骚》既无头，又无尾，又说当中东一句，西一句，自成旷世奇文。我以为头是有的，无尾是真的。

完了，故国萧条，没有人理解我，
我又何必还留恋这一片土？
想实现理想的政治既无同心人，
我将到地下去作彭咸的伴侣。

论《离骚》三次求女及屈原的忠君爱国思想

《离骚》中有三次求女的一段奇文。自两汉以降，为《离骚》作传作注者，对这段文章均未求甚解。或曰求女是求隐士，或曰求女是求贤才，或曰宓妃就是隐士。也有注家就是如此这般地依文训释一番，似乎认为三次求女一事并无深刻意义值得探索，或认为三次求女的意义自明，无待烦言。只有一家不甚为人重视的注本《楚辞灯》提了一句，求女是求贤妃，但也未细致深刻地说下去。我从 1957 年秋开始在陕西师大讲授《离骚》，也是从这时开始比较认真阅读钻研《离骚》，边教边学。后来偶然翻了翻不太为人重视的《楚辞灯》，求贤妃这三个字给了我启发。觉得三次求女是个问题，其中有深刻的意义，有待于挖掘。1962 年开始在课堂上讲了一遍①。好读书不求甚解的高人陶渊明如果地下复起，或将笑我愚蠢。但无论陶渊明不能地下复起，就令他能，我的拙文被他哂笑一下，也不算什么丢脸的事。

---

① 1962 年讲课时，语文系教师张采薇同志一直随班听课。后来她写了一份关于我讲三次求女的详细笔记交给我看。我看后觉得采薇同志的笔记完全是我讲课内容的实录。还补充了一点材料加强我的主张的说服力。我又在文字上加了一番工，这份材料我一直保存到 1966 年，它随着我的全部书籍、文物、读书笔记及文稿一齐被大有力者负之而趋。此稿关于三次求女部分和失去的旧稿内容完全一样，文字则全是新的。当年我怎样口讲，她怎样笔记，我怎样加工，现如同隔世，全不记得。关于评价屈原的忠君爱国思想则全是现在所写。

我认为说清楚了这个问题，才可以理解屈原和楚怀王的关系，理解屈原的爱国思想的实质以及其他许多重要问题。

我认为从两汉以降，最能理解屈原的无过于史迁。理解这个问题有一把钥匙，这把钥匙也在史迁手里。史迁替先秦的伟大人物写了很多传记，其中，他最尊敬的是孔丘，他最热爱的是屈原。谓予不信，请仔细去读《孔子世家》和《屈原列传》。史迁虽然最尊敬孔子，但他并非儒家，儒家这个名称是有其严格定义的，不是逻辑上所谓不下定义的名词[①]。史迁所尊敬的是那位整理了古代文化遗产，热爱古代文化遗产的孔子；是那位历史家的孔子。在这一点上，他自命是孔子事业的继承人。恰好屈原也是深受了儒家影响，特别是孟子的政治哲学思想影响的人，细读《离骚》的第一大段便无法不承认这一点。姑且说到这里，下文还要提到。

以下，我介绍读者读一下史迁的《外戚世家序》这一篇重要文章。

“自古受命帝王及继体守文之君，非独内德茂也，盖亦有外戚之助焉。夏之兴也以涂山，而桀之放也以末喜。殷之兴也以有娀，纣之杀也嬖妲己。周之兴也以姜原及大任，而幽王之禽也淫于褒姒。故《易》基《乾》、《坤》，《诗》始《关雎》，《书》美釐降，《春秋》讥不亲迎。夫妇之际，人道之大伦也。礼之用，唯婚姻为兢兢。夫乐调而四时和，阴阳之变，万物之统也，可不慎欤？人能弘道，无如命何。甚哉，妃匹之爱，君不能得之于臣，父不能得之于子，况卑下乎！既欢合矣，或不能成子姓；能成子姓矣，或不能要其终。岂非命也哉！孔子罕称命，盖难言之也……”

以上这段文章，不消说百分之百是儒家思想，是宗法封建社会

① 逻辑上所谓不下定义的名词，例如“学者”、“名流”，中华人民共和国成立前上海所谓“闻人”，广东话所谓“猛人”，等等。这类名词有别于“校长”、“经理”、“大学生”，等等。儒家这个名词属于后者，非前者。

的组织原则。这便是儒家经典所说的“君子之道肇端乎夫妇”，又说什么“有夫妇而后有父子，有父子而后有君臣”。总之，是把夫妇关系看作组成社会的最基本细胞或原子。本来自天子以至庶人都是如此，但史迁特别在《外戚世家序》里发挥儒家的这一伦理学说，当然是因为在封建社会里，帝王的家庭和一般老百姓的家庭不一样。这一个家庭内部的不安，便能引起天下的不安。史迁执笔写《外戚世家序》时，汉家已发生了大臣及宗室诛诸吕之事。故三致意焉于“受命帝王及继体守文之君”，“非独内德茂也，盖亦有外戚之助焉”。

现在我们完全有理由说：史迁笔下所写的正是屈原内心所想的。谓予不信，请读《屈原列传》如下散文诗一般的两段精彩文章：“屈平疾王听之不聪也，谗谄之蔽明也，邪曲之害公也，方正之不容也，故忧愁幽思而作《离骚》。离骚者，犹离忧也。夫天者，人之始也；父母者，人之本也。人穷则返本，故劳苦倦极，未尝不呼天也；疾痛惨怛，未尝不呼父母也。屈平正道直行，竭忠尽智，以事其君，谗人间之，可谓穷矣。信而见疑，忠而被谤，能无怨乎？屈平之作《离骚》，盖自怨生也。《国风》好色而不淫，《小雅》怨诽而不乱。若《离骚》者，可谓兼之矣。上称帝喾，下道齐桓，中述汤武，以刺时事。”

刘子玄说：“怀襄不道。其恶存于楚赋。”[①] 我认为屈原始终是把自己和君王视为一体，永远对君王寄托着希望，永远冀君心之一悟，俗之一改的。《离骚》中揭发的都是上官大夫等贵族的腐化邪恶、结党营私的罪恶，对君王则是“怨灵修之浩荡兮，终不察乎民心”，“曰黄昏以为期兮，羌中道而改路”，“众女嫉余之蛾眉兮，谣诼谓余以善淫”。他始终是以夫妇关系托喻他和怀王的君臣关系。如果说有抱怨情绪，纯粹是遭遗弃后的妇女对夫君的旧情不断，希望他不忘故剑，达不到目的，则自杀以明志，终无琵琶别抱之意。我认为屈

① 引自洪兴祖《楚辞补注》离骚经第一后叙注文。

原不止是不甚怨君，对君王可以说是温柔敦厚，义尽仁至，这当然是有其所以然的。请看《屈原列传》下面另一段文章：“人君无愚智贤不肖，莫不欲求忠以自为，举贤以自佐，然亡国破家相随属；而圣君治国累世而不见者，其所谓忠者不忠，而所谓贤者不贤也。怀王以不知忠臣之分，故内惑于郑袖，外欺于张仪，疏屈平而信上官大夫、令尹子兰；兵挫地削，亡其六郡，身客死于秦，为天下笑，此不知人之祸也。《易》曰：‘井泄不食，为我心恻，可以汲，王明，并受其福。’王之不明，其足福哉！”这一段文章极深刻，极沉痛，尤其妙的是仔细反复吟诵，浑不辨这到底是屈原的话，还是史迁的话。看上去史迁在写《屈原列传》时，他的精神境界已和一个世纪前的三闾大夫交流在一起，分不清彼此的界限了。

这段文章中最吃紧的一句话是“内惑于郑袖”，因此，才外欺于张仪，疏屈平而信上官大夫、令尹子兰；因此，才兵挫地削，亡其六郡，身客死于秦，为天下笑。没有家鬼，绝勾不来外邪，天下事总是内因决定一切。我们只需翻翻《战国策》及《史记·楚世家》，怀王当然说不上是治国的圣君，但也决非暴君，他对内并无民愤。他客死于秦，丧车从秦国归来时，楚人悲之，如悲亲戚。所以楚国才流行了“楚虽三户，亡秦必楚”这样的民谣。所以陈胜起义后，项梁叔侄及刘邦立刻响应。陈胜是楚人，刘邦是楚人，项氏叔侄是楚国的世将。暴秦立即土崩瓦解，硬是应了“楚虽三户，亡秦必楚”的民谣。陈胜牺牲后，好奇计的范增立刻劝项梁立怀王的孙子名心的为王，仍称楚怀王，以唤起广大人民群众对暴秦的旧恨。这也充分证明了楚国人民“泣望君王化杜鹃”的哀思。这也有力地说明了怀王决非暴君，而只是个没有主张的糊涂人。他不辨正邪，不辨敌友，以一个没有主张的糊涂人而做楚国这样一个大国的君王，又正值天下多事之秋，他当然该受到惩罚，但他落得那样个下场，这惩罚未免太重了一点。屈原演的是一幕壮烈的可泣可歌的悲剧，而他演的却是一幕既可笑又可怜的滑稽剧。史迁于是不得不用他如椽大笔大书特书他“内惑于郑袖”是一切灾难的总根由。假如郑袖是当年楚武王的邓曼，或是当年楚庄王的樊姬[①]，事情肯定不会糟糕到如此地步。《离骚》中有这样两句诗：“昔三后之纯粹兮，固众芳之所在。”有些注家把三后认为是春秋时代的武王、文王、庄王，这时正是楚国的黄金时代。这样解释很好。当屈原想起国家前代英明的君王时，自然而然地会想起前代内助的贤妃，邓曼和樊姬，又自然而然地会想起今天的这位郑袖。假如郑袖不能是邓曼和樊姬一流有才德的妇女，她便安分地端居于深宫之中，不问外事也还好。怀王徘徊于屈原和上官大夫一流党人之间，朝廷上也还有头脑清醒而又正直的人支持屈原，屈原也还不至于一败涂地。当不得宫中有个郑袖作党人的后台，郑袖和党人又和楚国的死敌暴秦的特务张仪勾结在一起，这个纵横家，孟轲曾呵斥他是妾妇之道[②]，这样人和郑袖一拍即合。本来当时的九流十家，其中纵横家几乎绝大多数是无耻的政客[③]，这批人全无立场，什么卑鄙龌龊的手段都使得出来，其衣钵至今授受不绝，而且在全世界各国都有，他们出卖风云雷雨，翻手为云，覆手为雨。郑袖就是这样有意无意地和这个特务配合，把自己国家的命运作儿戏，把君王，她自己亲丈夫的生命和荣誉作儿戏。在这个形势下，我们的三闾大夫不得不智勇俱困了。我们的三闾大夫作为个政治家也不

① 邓曼事见《左传》桓公十三年及庄公四年，樊姬事见刘向《新序》。可能刘向《说苑》里还有这类材料，我现手头无此书。

② 《孟子·滕文公章句下》。

③ 纵横家以取个人富贵功名为目的，无所谓正义，无所谓立场，当然是小人。但此辈中也确有人才。王船山自命为儒家正统，然《读通鉴论》却有这样议论：两个敌对国家，甲方全是君子当道，乙方全是小人，则甲方胜。如甲方全是君子，乙方则君子掌权，手下有一个两个有才的小人，则乙方胜。这实在是值得人深思的通人之论。纵横家不可能没有，问题在于有国家者怎样对待他们，使用他们。本文关于此问题的持论，也是一往之谈。深山大泽，实生毒蛇猛兽，尚万万不能使之灭绝，纵横家而可使之灭绝乎哉？曰：不可，不可。

是没有缺点的。他见识超群，看准暴秦是国家死敌，齐国是朋友，齐楚的同盟一定要维持住，不断使它巩固。他有高尚的品格，有坚定的节操，但是他全无政治家的策略，不懂得要手段[①]，也很少办法。面对当时丑恶的现实，他只有愤怒地喊叫："忳郁邑余侘傺兮，吾独穷困乎此时也！宁溘死以流亡兮，余不忍为此态也！"这有什么用呢？当他精神痛苦到了无法排遣，跪在苍梧大舜坟前慷慨陈词时，他发誓："阽余身而危死兮，览余初其犹未悔！不量凿而正枘兮，固前修以菹醢。"这又有什么用呢？说我们的诗人政治家很少办法，全无策略，无手段，这话大概没有说错。这也是诗人政治家之所以为诗人政治家！人们爱惜他、尊敬他，直到今天还悼念他，原因也在这里。他失败了，流放了，写下了《离骚》，怀石自投汨罗而死了。

根据以上的剖析，我们来读《离骚》。当屈原跪在大舜坟前吐诉了心曲，自觉与大舜的在天之灵得到默契，愈加自信自己没有做错；于是乘龙跨凤，飞入太空。在天门外，他遭到了帝阍的拒绝，不许他进入天国，彷徨无所于归，在天空中游荡时，他写道："朝吾将济于白水兮，登阆风而緤马，忽反顾以流涕兮，哀高丘之无女！"这当然是全诗一个最吃紧的关键。写出诗人虽然神游高空，然而眷恋故国，不忘欲返；然而故国是个什么样子的故国呢？高丘上一片荒凉！故国竟无一个窈窕淑女！高丘当然是楚国的象征。楚国为什么一片荒凉呢？洞庭湖云梦泽，风物不是依旧么？曰：否！人杰则地灵。郑曼、樊姬——弃我去者，昨日之日不可留！郑袖——妖狐乘权，欺君误国，今日之日多烦忧！焉得不一片荒凉，焉得不寂寞呢？诗人政治家虽然不懂策略，很少办法，但却是预言家！果然不久以后，秦国的大将白起便攻入了郢都，老百姓死亡流离。先王的陵寝都被挖掘[②]，还

① 要手段、有风格、有品行的人是不懂，也不屑干的。但因此便吃尽了小人的亏。这亏是命运注定非吃不可的。

② 郢都沦陷，楚先王陵寝遭挖掘，见《战国策·赵策》平原君的助手毛颖对楚考烈王语。百姓死亡流离见《哀郢》。

不荒凉寂寞么？这以下紧接着便开始了三次求女这段绝世奇文。那么，我们说诗人政治家写这段文章不是叹息痛恨于郑袖又是什么呢？一方面是叹息痛恨于郑袖，另一方面，对故国、旧君则是刻骨的相思，无比痛苦的恋情。这难道还不昭然若揭么？我当然无法起诗人政治家于地下而质之，我绝对自信诗人政治家之心只能是如我所剖析的这样，不可能不是这样。这才当得起史迁“《国风》好色而不淫，《小雅》怨诽而不乱”的崇高赞语。

第一次求女所求的对象是羲皇的公主宓妃，这是一位美丽而又风流浪漫的女神。她溺洛水而死，成为洛水女神。她分明是郑袖的正面影子。其为人任性，无定情，其私生活头绪多，不端正。在神话系统中，对她有各种说法。于是诗人谴责了她，把她丢向一边。诗人写道：“保厥美以骄傲兮，日康娱以淫游；虽信美而无礼兮，来，违弃而改求。”

第二次追求的对象，有娀氏之逸女，是商王朝的开国圣母。她是商王朝的始祖，契的母亲，故事见《诗经·商颂》，纯粹是个神话人物。第三次追求的对象，是帮助夏王朝少康复国的中兴贤妃。故事见《左传》襄公四年。由于有娀逸女和有虞二姚与宓妃的身份完全不同，诗人下笔极谨严而有分寸，丝毫未敢对她们有所亵渎。同时，因为跪在大舜坟上吐诉了心中悲苦以后，飞上太空，诗人便换了一支笔，文章便完全使用浪漫主义手法，故下笔虽极谨严而有分寸，而又极活泼、瑰丽而有风趣。谨严而有分寸到什么程度呢？彷徨失路的诗人在第二次和第三次求女时并未敢去求她们。只是在见到她们时把她们作为理想人物而赞叹了一番。其意若曰：楚国今天缺乏的正是这样的圣母和贤妃，有的是像宓妃那样轻浮不端正的女人。最后以如椽大笔总结了以上两大段全文。他写道：“闺中既以邃远兮，哲王又不寤。怀朕情而不发兮，余焉能忍而与此终古？”浪漫主义文豪是这样的严肃认真。他不但对活着的人物严肃认真，对历史人物也如此，而且对神话人物也如此。神话人物都是人民群众创造出来的。对神话人物认真严肃也便是对人民群众的尊重。作为一个浪漫主义者，首先必须是个现实主义者。

三次求女这样类似人神恋爱的文学留给后世的影响不一定都是好的，有极糟糕的。这极糟糕的部分当然绝对不能由屈原负责。这不成问题。我想举出一个典型例子。唐代传奇小说中有一篇《周秦行纪》，托名牛僧孺作。其实非是。小说中牛僧孺自述其生平奇遇。年少未显达时曾因日暮失道，止宿汉薄太后（汉文帝生母）之庙。在薄太后周围聚集了三位历史上出色的美人。一是汉元帝时的王昭君，奉诏嫁给投降了汉家的匈奴呼韩邪单于。昭君和番是人们熟知的故事。二是西晋大阔佬石崇的爱姬绿珠。值八王之乱，赵王伦部下孙秀欲从石崇强夺绿珠，绿珠跳楼自杀。三是杨贵妃。想入非非的是：薄太后命令王昭君陪侍牛僧孺睡了一夜。理由是绿珠曾跳楼自杀，是烈妇，不能失节。杨贵妃是唐朝妃子，和牛僧孺有君臣关系，礼不可乱。唯有王昭君曾嫁匈奴，不值得替胡虏守节。昭君只有服从，“低头羞恨”（这四个字是作者原话）。这算是什么文学呢？哪一派的文学呢？作者的思想意识属于什么类型，我无法取名。庸俗不足以名之，下流不足以名之，恶劣不足以名之，无聊不足以名之，无耻不足以名之。像这样的作者，如把他坑了，决非有权力者之过。[①] 对这“低头羞恨”四字细加剖析，是可以分析出许多东西来

① 参看鲁迅《中国小说史略》，据鲁迅说此文非出于牛僧孺手，大抵是李德裕的门客搞的。李、牛是敌对的两党的头子，这是人所共知的。小说史谈此亦甚略，如果这样，这篇下流黄色文学还有政治阴谋。唐代这一类传奇，佳者绝少。章太炎《五朝学》云：“及唐名理荡荡，夸奢复起，形于文辞，播于小说。”在这段文章下，太炎自注云：“唐人荒淫，累代独绝。又其浮兢慕势，尤南朝所未有，……唐人小说，半皆妖蛊；文既无法，歆羡荣遇之情，骄淫矜夸之态，溢于楮墨。人心险薄，从是可知。”观《周秦行纪》，太炎的呵斥可谓深刻中肯。其他如张鷟的《游仙窟》，怪诞荒谬，情理所无，而文辞冶艳，太炎斥为妖蛊，绝不过分。想树立鲁迅所提倡的刚健质朴的文艺必先扫荡类似的东西。

的。这是作者对昭君的心理的揣测。羞是对接受薄太后的命令很难为情。恨是恨生前命苦，嫁给了匈奴，辜负了自己的花颜月貌。生前未得到她这样美貌应得的待遇，或入宫成为昭阳殿里第一人，或在民间，厮配得才貌仙郎。身后还要遭受侮辱。她的身份硬是不能和绿珠和杨玉环一样，尽管她的美丽和她们都各有千秋。作者对昭君心理这样的揣测符合不符合客观实际，姑不论。现只提出一点：昭君身后并未受到牛僧孺的侮辱。这都是这个百无聊赖的下流无耻文人设计出来的。你为什么要设计出这样一个想入非非的万无可能的尴尬局面，使一个已死了千百年的女人处于确实可羞的地位，而你从旁观赏之，观赏一个美人的羞和恨，从中得到满足。这是什么心理？[①] 这是变态心理，是色情狂。

三次求女的问题就谈到这里。以下试论对三闾大夫的忠君爱国的思想该怎样评价。对这个问题，二千多年来，人们发的议论太多了，不必要去详征博引。只需回顾一下屈原所处的战国时代是个什么时代，楚国这个国家有什么不同于黄河流域的其他国家的特殊传统；则对于屈原的那一种特别缠绵执着的忠君爱国思想便不难理解。

从春秋到战国，一直到秦灭六国，统一天下，这在中国历史上是个有特殊地位的时代，是个特别瑰丽、琦伟的时代。章太炎《原经》：“老聃仲尼而上，学皆在官，老聃仲尼而下，学皆在家人。”[②] 这时九流十家之学，争妍斗胜，光怪陆离，互争雄长，有儒而后墨兴，有墨而后儒更胜。以老孔为枢纽，结束了自西周学在王官的政治局面。于是关于臣和君，关于国家和个人，出现了许多精彩绝艳的学说。略举数家，然后来看屈原的忠君爱国思想，看他应该占个什么位置。

---

① 如其中还有政治阴谋，还想借这以自结于李卫公，其居心险恶更不可问了。

② 学术在官和在家人，各有其得失。非可一概而论，本文不及细谈。当另为文详之。

一、和孔丘同时的齐国的晏子，在当时算是思想比较保守的政治家。齐庄公因和大臣崔杼的妻子乱搞男女关系，被崔杼杀了。晏子表态说："君为社稷死则死之。"假若君为不光彩的事死了，大臣没有从死的义务。这话的逻辑很清楚：忠君是为了爱国。国君死社稷，则人臣死君。臣不是君的奴隶。事见《左传》襄公二十五年。

二、战国早期的儒家的孟轲，他对武王伐纣有过很激烈的评论："贼仁者谓之贼，贼义者谓之残。残贼之人，谓之一夫，闻诛一夫纣矣，未闻弑君也。"孟轲懂小学，也懂逻辑。君，群也。王，往也。天下所归往也。[①]那么，如果身为君而群众不拥护，身为王而天下不归往，徒有君王之名而无其实，便是一条光杆汉子，诛之不叫弑君。[②]

齐宣王又问过孟子："卿大夫该怎样事君。"孟轲的回答怪极了。他说：有一种卿是有贵族身份的，另一种是平民身份。前一种，"君有大过则谏，谏而不听则易位"。后一种呢？"君有大过则谏，谏而不听则去。"由他去灭亡，不陪他殉葬。[③]

屈原的政治哲学思想，深受孟轲影响，上文已提过。据孟轲对武王伐纣的评论，孟轲的哲学思想是民本主义。怎叫作民本主义呢？现引《离骚》来解释。屈原论历史上的兴亡成败的所以然时，这样写："夏桀之常违兮，乃遂焉而逢殃。后辛之菹醢兮，殷宗用而不长。汤禹俨而祗敬兮，周论道而莫差。举贤而授能兮，循绳墨而不颇。皇天无私阿兮，览民德焉错辅，夫维圣哲以茂行兮，苟得用此下土！瞻前而顾后兮，相观民之计极，夫孰非义而可用兮，孰非善而可服？"这段文章里贯穿了孟轲政治哲学的一个核心思想，即：人

---

① 见《孟子·梁惠王章句下》。

② 先秦儒家的气象如此，封建制度越到后期君权越重，明黄太冲作《原君》完全本于孟子的思想。

③ 见《孟子·万章章句下》。

民群众的心愿，便代表天意。圣哲如汤、禹、文、武、周公都懂此理，照样做，故能得到天的庇佑。请参看拙译及拙注。

可是尽管屈原的民本主义政治哲学思想深受了孟轲的洗礼，然其在处理他和怀王以及他和楚国的关系时，却丝毫未受孟轲的影响，也不能像晏婴那样理智。

在武王代殷商有天下之先，楚已存在。附属于殷，殷商亦视为蛮夷。武王克商后，封为子爵，以示羁縻。《史记·楚世家》说：还在西周时，楚便不满子爵的称号。曾自封为王，自居蛮夷。后又畏周讨伐自动取消了王爵的称号。《左传》昭公十二年，记载了楚灵王和右尹子革的一段谈话。大体同于《楚世家》，但描写了谈话时的详细过程、时间、地点，天正下雪，灵王一身猎人打扮，等等。兹录之如下，以见楚自西周鼎盛时，便自处于西周的对立面。“昔我先王熊绎与吕级、王孙牟、燮父、禽父并事康王，四国皆有分，我独无有。今吾使人于周，求鼎以为分，王其与我乎？”对曰：“与君王哉！昔我先王熊绎，辟在荆山，筚路蓝缕以处草莽，跋涉山林，以事天子；唯是桃弧棘矢以共御王事。齐，王舅也。晋及鲁卫，王母弟也。楚是以无分，而彼皆有。今周与四国服事君王，将唯命是从，岂其爱鼎？”王曰：“昔我皇祖伯父昆吾，旧许是宅。今郑人贪赖其田，而不我与。我若求之，其与我乎？”对曰：“与君王哉！周不爱鼎，郑敢爱田？”

按：通过以上楚灵王和右尹这段对话，可与乃祖庄王观兵周疆，问鼎中原相对照。

周室东迁，王室一天比一天没落，楚国一天比一天强大。楚武王十九年入春秋。[①]《左传》桓公六年，开始记楚武王侵随事。已经

① 见《春秋二十国年表》。

放弃了的王位，这时又恢复了。[①] 第五代庄王是楚国第一位出色的君王。武王、庄王、文王便是《离骚》所歌颂的三后。当时以齐桓、晋文之强，都要组织大大小小各路诸侯，才敢和楚国较量。齐桓和管仲的霸业及身而绝。以后便是一个较长时期的晋楚争霸。观兵周疆，问鼎中原的，正是这位庄王，事在《左传》宣公二年。

在春秋这样一个英雄时代里，如果除去了楚国的业绩，这个英雄时代必将显得大大减色。齐桓、晋文都打着尊王的旗号和楚国争霸，但都没有勇气和魄力质问楚国，“王位是谁封的”？

《左传》文公十六年，楚国遭遇到大饥荒，久已归附于楚国的各类戎蛮从东南、西南一齐向楚进攻。于是申、息之北门不启，防中国从北面来进攻。[②] 这一次楚国面临全面崩溃的形势。赖有英雄的君王，有谋臣，有斗将，渡过了危机。

艻贾在城濮之战时还是个孩子，但他便有超过成年人的智慧。他预见子玉非大将之才，必败；令尹子文错赏识了这个人。大危机时，他批判了楚人谋徙于阪高的错误打算。他的名言是任逃避到什么深险的地区，“我能往，寇亦能往”。

邲之战的前夕，晋国的下军元帅栾书对楚国这个国家作了全面深刻的剖析和极高度的评价。他说：“楚自克庸以来，其君无日不讨国人而训之；于民生之不易，祸至之无日，戒惧之不可以怠。在军，无日不讨军实而申儆之；于胜之不可保，纣之百克而卒无后，训之以若敖、蚡冒筚路蓝缕，以启山林。箴之曰：民生在勤，勤则不

---

① 《左传》桓公时代，楚武王不断伐随，均与称王事有关。随乃姬姓，周王兄弟之国。楚武王要随侯请于王朝，封楚为王，终未达目的，楚遂悍然自称为王。其时国力已强大。事见《史记·楚世家》。

② 当时所谓中国不包括楚，主要指周王朝及其分封的兄弟之国和甥舅之国，宋是微子之后，封为公爵，王朝待以宾客之礼，当然包括在内。孟子说：“陈良，楚产也，悦周公、仲尼之道，北学于中国，北方之学者，未能或之先也，彼所谓豪杰之士也。”这句话固然是当时对“中国”的有代表性的解释，也说明在孟轲前，儒家思想已在楚国传播。屈原接受了儒学影响，毫不奇怪。孟子语见《孟子·滕文公章句上》。

匮……”出于强敌之口，这当是绝对可靠的史料。

宣公四年，楚国又发生了一次仅次于王室的巨族向王进攻的叛乱事件。领导叛乱的主要人物是斗越椒，出色政治家令尹子文之侄。事情发生在令尹子文身后，子文在世时预知这个孩子不是好种，主张处死他。子文之弟，子良即越椒之父舍不得。左氏叙这一事件时，历史掺杂了神话。结果尽灭斗氏之族。①《左传》详细描写了战斗的惊险场面。艻贾也在这一事件中牺牲。

大饥荒引起的总崩溃的危机，邲之战，巨族向王进攻，这三件大事都发生在庄王统治的年代。

后来邲之战时，令尹是孙叔敖，又是一位出色的政治家。战争前夕，晋、楚双方大军遭遇在郑国北境，双方都意识到对手是劲敌。晋国的上、中、下三军也是人才济济，但其中杂了几个冒失鬼。庄王和孙叔敖都不欲战。庄王的嬖人伍参却主张战。伍参便是戏剧性的人物伍子胥的曾祖。②王和令尹不欲战是老成持重。伍参主张战是了解敌情，知道敌军虽有能人，但也有冒失鬼，能人的作用得不到充分发挥，中军元帅指挥不了他们。伍参虽是个没有地位，没有身份的人，但确有见识。令尹对伍参说：被打败了，“参之肉岂足食

① 并未尽灭斗氏。当时，子文还有个孙子箴尹克黄出使于齐。他还是回来了。王思子文之功，赦免了他。汉代班固便是他的后嗣。

② 伍子胥的问题是历史家的一个难题，永远无法做结论。他的父亲伍奢是平王的太子建的师傅，平王强夺了儿媳妇，还要罗织儿子的罪名，欲置之死地，要伍奢供给太子想谋害父王的罪行。伍奢拒绝了。伍奢当然活不成，平王还要同时除掉伍奢的两个儿子，伍尚和伍员，员即子胥。伍奢奉命召二子入京，父子三人同时俱死。二子得信后，尚对员说：“尔适吴，我将归死，吾知不逮，我能死，尔能报。闻免父之命，不可以莫之奔也。亲戚为戮，不可以莫之报也。奔死免父，孝也。度功而行，仁也。择仁而往，智也。知死不辟，勇也。父不可弃，名不可废，尔其从之，相从为愈。”子胥的好友申包胥也支持子胥出奔。但对子胥立下誓言：子胥如把楚国颠覆了，他必恢复楚国，二人的事业都实现了。当时的楚国，一方面是极端无耻的荒淫残暴，另一方面是慷慨激昂的高风亮节。请参看章太炎《菿汉微言》关于伍子胥的评论。伍子胥父子兄弟事见《左传》昭公二十年。申包胥事见《左传》定公四年。

乎？”伍参说，战胜了，令尹便算没见识，战败了，我的肉将给晋人吃。结果证明伍参是正确的。读盲左之史，总觉得在那个英雄的时代，英雄的国家，英雄的君王统治下，人才随便牺牲，也不断随时出现。人才也都是有缺点的。斗越椒不是好种。他伯父早已想处死他。芀贾作为个小孩子的时候便知道子玉必败。在大灾难的岁月又表现了他的卓识；却对越椒全无认识。斗氏灭族之先，芀贾却先死于越椒之手。他不清不浑杂在斗氏家族里胡混。

庄王时楚国达到了极盛时代，到了春秋季世定、哀之际，晋国则君侯失权，权归六卿，后又经斗争，剩下韩、赵、魏三家。楚国自庄王的儿子共王后，国内也多事，晋楚争霸的局面结束了。长江下游的吴越兴起了。楚经常受制于吴。战国时代一开始，三家分晋，田氏代齐，楚虽然还是芈姓旧贵族统治，也日益不兢了。

上文大致叙述了从西周熊绎受封，以及从春秋时代开始，这个国家的战斗的英雄历史。目的无非是说明这一原则：屈原的忠君爱国思想不是从他脑子里凭空生出来的，也不是什么人把这思想硬灌输进去的，而是历史在他脑子里留下的深刻烙印。从楚武王以下，左氏记下的楚国历史比记齐桓和管仲的霸业更详细。光辉的和乱糟糟的都有，黄河万里挟泥沙俱下。大概盲左也觉得这个国家可爱、有趣，当然盲左的文章也可爱、有趣。屈原博闻强记，对他祖宗的英雄传统，当然记得更多。他又生值这个国家武德已衰，贵族都是腐朽邪恶不堪，君王又不自振拔的时候；眼看着这样下去，只有灭亡，这越发使他怀念这个国家的光荣的过去，想通过他的手使他恢复青春。他不这样想：“齐国的霸业早完了，晋国的霸业也完了差不多一个世纪了。楚国的兴旺强大，也已够久的了。”有盛必有衰呀！他不，他不能像晏婴和孟轲那样理智，他的感情像火一般热烈。他的楚国和北方的齐、晋不一样，他和晏婴、孟轲也不能一样。正如赵翼说："从春秋到战国，是历史上万古未有之奇变。"[①]这说得对。这是个出巨人的时代。稍后于屈原，有个赵国人乐毅，这就更奇特了。他跑到燕国去，帮助燕昭王组织了五国的军队打败了趁燕国内乱，想并吞燕国的齐宣王。[②]燕昭王死后，惠王不信任乐毅；乐毅仍回到赵国。赵王和乐毅商量出兵攻燕。乐毅不干，对赵王说："臣事昭王，犹事大王。臣若获戾，放在他国，没世然后已，不忍谋赵之徒隶，况燕后嗣乎？"[③]这又是一格，乐毅态度何等光明俊伟！视君臣关系如朋友。燕惠王虽对不起他，但燕昭王对他的信任，他是永不能忘的。

屈原是决不会学乐毅的。孔丘说鲁国只是他的父母之国，他的祖宗是殷人。如果在鲁国不能行其道，他便要离开鲁国，但他要迟迟其行，表示对父母之国的尊敬。他可以周游列国求行其道，因列国都是周王朝分封的。屈原却不能这样。理由自明。一句话，求理解屈原，要向楚国从西周以来的楚国的特殊环境中去求。

对于后世批评屈原的人，现提出颜之推、扬雄和班固来略加商榷。

颜之推不但对屈原有微词，对自魏晋以至齐梁，无一个文人是他看得上眼的。他的亡国之痛的深刻，比屈原只有过之，但他并不引屈原为同调。值侯景之乱，梁武帝饿死台城，他第一次感到亡国之痛。梁元帝的政权摧折，他沦于北周，这时，他二次感到亡国之痛。他不安于北周，奔到北齐。北周灭了北齐，他再次沦于北周，这时他三次感到亡国之痛。隋文帝时他还活着。其身世可谓极飘零畸离。他生在"可怜东晋最风流"的南朝，但他并没有条件风流。

---

① 见《廿二史札记》。

② 《史记》把齐乘燕乱，侵入燕国，认为是湣王时事。孟子则认为是宣王时事，晚出的《竹书纪年》记此事亦同于孟子。孟子当时正在齐国，太史公显系误记。乐毅组织五国军队攻入齐时，宣王已死。

③ 见曹操的《让县自明本志令》。曹操说："孤每读此二人（按：乐毅、蒙恬）书，未尝不怆然流涕也。"曹公引乐毅这段话，于先秦两汉古籍不知何所据。

他在《家训》中告诫子弟：（一）不能走学琵琶与鲜卑语以奉事鲜卑贵人的路。其志亦可哀矣。（二）要子弟们做学问，做学者，不许当文人。盖深有鉴于自魏晋以来，文人如何平叔、夏侯太初、嵇康、郭璞、二陆、二谢，无不因文辞才藻离于禁网。其用心亦良苦矣。（三）书无论如何非读不可，文化知识要世世代代传之子孙，否则只有去“任春牧豕”。[①] 其情亦可悯矣。他不能理解屈原，但对他无庸苛求。

其次略论扬雄。这一位王莽时代寂寞的书呆子，作过《反离骚》，说：“君子得时则大行，不得时则龙蛇；何必沉身哉？”他又作过《解嘲》，文章当然写得极好，但也有点阿Q气息。他怎能理解屈原呢？对这一位既有学问，又有文采的终身落拓的人，也无庸深责。他不赞成一个人自杀。这当然对。但天下事和人都难概括之以一往之论。屈原的自杀非消极，非逃避现实，扬雄懂不了。再次略论班固。他值东汉明章二帝之际，托身窦宪（窦皇后的兄弟）门下。后来窦氏诛灭，班固以后党下狱死。这才死得毫无价值呢。他根本不配议论屈原。说去说来，真正了解屈原的人只有司马迁。只有司马迁能认识从春秋到战国是个充满了浪漫主义精神的英雄时代。各式各样的英雄人物如大海怒涛，汹涌澎湃，一浪高过一浪（除了我们的近代以至于当代，从道光鸦片战争开始直到今天，尽未来际；历史上任何时代都不能与之比拟）。史迁虽活动在汉兴七十年代，他的精神境界却完全是个先秦人，故能以先秦的眼光观察先秦，以先秦还诸先秦。我们今天当然该歌颂屈原和史迁，但正如鲁迅翁所言：“托尔斯泰在俄罗斯也只有一个。”屈原在先秦，史迁在两汉，也只能有一个。鲁迅翁又说：“删夷枝叶者决不能得到花果。”在一部历史上，如只留下几个出类拔萃的第一流大人物，二三流的都一个不录，这将

---

① 看不起劳动人民，这当然是错误的，他如这样说：“即便任春牧豕以谋衣食，也不妨，书总是要读的。”这就更高了。

是何等寂寞荒凉的世界！故颜之推和扬雄这样可爱的文人兼学者决不因不了解屈原便一钱不值。班氏一家在当时是学术文化的中心，很了不起。余杭章先生作《五朝学》及《案唐》比较其风俗变迁的得失，论述其人物品格风貌之短长，独许颜黄门“行己有耻，博学于文，为可以无大过”。先生的眼光是何等的高，而其居心又何其平恕呢？值梁陈乱离之末世，黄门以一少年，国破家亡，走投无路，能够从容镇定，终身做到“行己有耻，博学于文”，这又谈何容易呢？故知人必须论世也。

屈原当然也不是一尊神。作为一个政治家，他是有缺陷的，当然也是可以批评的。作为一位诗人，他是无可批评的。《离骚》是一首长篇史诗，它总结了过去政治上成、败、兴、亡、得、失之故，歌颂了楚国若敖、蚡冒的遗烈，他是爱民族爱国家的典范。它也记录下他同时代的贵族的腐朽邪恶，直道而行，略无忌讳，不顾一身的祸福。他对怀王的忠诚绝不是奴隶的道德，他不曾说过什么“臣罪当诛”的奴隶语言，因为他本没有一点罪。他也从来没有歌颂过君王圣明，因为君王本不圣明。但他对君王又难解难分，依恋备至。一篇《离骚》是对楚国的赞歌，也是挽歌。楚国必亡，他看得很清楚。他的自杀是知事不可为，故先以身殉国。《离骚》从头到尾部贯穿着政治的严肃性，绝无一字是风花雪月之文，更绝无一字是《招魂》的荒淫之意。[1]

稍后于屈原，魏国有信陵君，也是贵族，也生值魏国将亡，也是报国有心、有力，而又使不上气力。于是便托于妇人醇酒以消遣百无聊赖的岁月。他当然也是先秦另一光明俊伟的人物。然终不敢望屈原。三闾大夫奔驰绝尘，任何出格英豪均瞠乎后矣。

---

① 《招魂》是宋玉的作品。

论秦始皇的统一六国兼论道家、儒家和法家

战国时代是我国历史上哲学家的时代。

在哲学家中，道家和儒家可并称为两大家。在当时及在后世影响最大者，则除了道儒二家外，还有法家。

在当时，在各派哲学家中，法家是最后的一个学派。从这以后，古代历史上哲学家的时代便告结束。

太史公作《史记》，以道家的老庄和法家的申、韩合为一传。这是有其深刻命意的，不是随随便便命笔的。

道家老子的思想是清净无为，韩非的法家思想是大为而特为。这两家思想不是互相反对的，更不是相互矛盾，相互排斥的，不是；正是沿着老子的思想，顺着时代的变化发展，一步步变化发展下来，才自然而然地演变出法家来，这不以任何个人或某一些人的主观意志为转移。

从老子的清净无为到法家的大为而特为，这当中存在着儒家孔子的仁、孟子的仁义、荀子的礼乐三层台阶子。这才达到韩非、李斯的法家的铁扫帚。

法家的李斯和韩非都受学于儒家最后的一位大师——荀子。荀子的学术到了他这二位高徒手里一转变，便成了战国时代最后一个哲学学派——法家。这个学派一出现，中国古代历史上哲学家的时代便宣告结束了。由孔子作《春秋》，开门授徒所形成的如火如荼的近

二百年的百家争鸣的盛况到此结束了。

这最后出现的一派哲学，它在本质上是以老子为代表的道家，和以荀子为代表的儒家，杂交接嫁的混血儿。它向秦始皇提供了一件锋利的精神武器。秦始皇却成了李斯、韩非的有力的物质武器，二者因缘和合，于是天下统一了。从周室东迁，从春秋时代开始，长期的大混乱、大动荡，到此结束了。

以下我们来介绍秦始皇和秦、汉帝国。

在历史上，中国最伟大的人物，几乎都集中出现在先秦春秋、战国和两汉这个阶段，这当然不是偶然的。要正确理解孔子固然极不容易，要正确理解秦始皇更不容易。

二千几百年来，这位始皇帝的名誉一直是很坏的。这当然不奇怪。从汉文帝时的贾谊开始骂他，陶渊明骂他，李太白骂他，杜牧之骂他。这几位的文笔和名气都是可以把活人骂死的，而况骂他的又何止这四位，而况要骂秦始皇本来也是最容易的。从鸦片战争以后，我们处在一个比之于先秦应该说是更伟大的时代，在各方面，我们已经出现了许多前所未有的伟大人物。当前随着社会主义现代化的进一步开展，我们一定会出现一批更伟大的人物。我们已经站得很高，我们看问题应当看得更深、更远、更全面。

首先应该指出：秦始皇解决了一个他的前人所没有解决、也不能解决的问题，这便是中国统一的问题。这个问题首先是大圣人孔子提出来的。

秦始皇年十三，立为秦王，立二十六年，最后消灭了齐国，统一天下，自称始皇帝。三十七年，始皇最后一次出关东游，跟从他的只有赵高、最得宠的小儿子胡亥和丞相李斯。在路上得了病，死在路上。时年五十岁。他病到十分严重时，吩咐赵高为玺书赐他的长子扶苏，叫他来与丧会葬咸阳。扶苏以前因不赞成他父亲的法家的过分峭直深刻的政治，经常上书进谏，被贬到上郡监将军蒙恬军务。始皇崩后，二世嗣位。二世二年七月，戍卒陈胜便起来造反，自称楚王。三年，楚将沛公、项羽相继入关，秦亡。

以上是根据《始皇本纪》极简单地勾出来的一个轮廓。始皇帝在人间活了五十岁，轰轰烈烈了一辈子，死后第三年一个骊山之徒，揭竿而起，这样一个金城汤池的锦绣河山，铁桶似的庞大帝国，便如同河决鱼烂，不可收拾，九族诛灭，真是其兴也勃然，其亡也忽然。秦以前暴君昏主如桀、纣、幽、厉之亡天下，从没有这样亡得干净、彻底，亡得这样快速，这是怎么回事呢？

战国时代的二号圣人孟轲对答梁襄王的问话时说道："天下恶乎定，定于一。唯不嗜杀人者能一之。"历史发展的现象否定了孟子对形势的预测。正相反，唯灭绝仁义而尚首功之国能一之。这个国就是秦国，这位君王便是始皇帝，用的精神武器便是法家的政治。

当陈胜和吴广两个戍卒偷偷捣鬼想要造反时，他们面前绝无一条生路。他们知道始皇已死，他们也知道二世之立非上意，太子扶苏死得委屈，于是他们造反便喊出为太子扶苏鸣冤的口号。于此足证始皇声威之大。如果始皇尚在，他们便也不敢造反，乖乖地唯命是从。如果扶苏得立，他们便也更不想造反，乖乖地做个好好的小小老百姓，了此一生。

以项羽之刚强剽悍，以刘邦之阔达雄毅，二位都是大野心家；但如果没有陈胜、吴广先开路，他们便也不敢冒冒失失地跳出来。

然而秦始皇在路上病重时面谕赵高封赐扶苏的玺书在赵高手里却不发出去。扶苏非屈死不可。于是陈胜、吴广便非造反不可，于是……一连串的不可便都跟着来。

本来法家的政治便是其学说的全部内容，从彻底否定儒术以及搞私斗的游侠，以及耍嘴皮的无聊政客以及帝王的父母妻三党，这一批皇亲国戚都被认为是多余的人。从否定这一切中获得一股巨大无比的力量，必须一个有雄才大略，伟大气魄，心辣手硬的君王，才能承当得住这一套使见之于事实，贯彻下去，做出惊天动地的事业来。始皇帝和李斯恰好是一对好搭档，配合得恰到好处。秦王得李斯之力，在二十七年内消灭六国，统一天下，建立了一个无比强大的中央集权的史无前例的伟大帝国。

值得令人嗟叹，令人惋惜不置的是：这样一位威风了一世，成就了空前未有的伟大业绩，剑及履及，说到做到的大英雄，在他巡游天下返回首都的路上，得了重病；在病困痛苦不堪的境地中，封赐扶苏的玺书却竟寄不出去，而这时，他的丞相李斯，他一辈子的得力助手，其学说以尊君、忠君为主要内容的人，正守在他身旁。太史公在其令人读后不得不惊心动魄的《李斯传》中对此问题说得不可能更深刻，不可能更准确，不可能更委曲细致了。请看他是怎么说的。

赵高执行命令，为书赐公子扶苏。就在这当儿，始皇崩。赵高将玺书留中不发，却立刻去告诉胡亥这件事说：“长子一到即将为帝，你尺寸的土地也不能有。怎么办？”胡亥答：“没什可说。”赵高说：“如今天下的‘权’，‘存和亡’在你和我和丞相三人手里。”（按：存、亡即胡亥和扶苏谁存谁亡，尽管有玺书但尚未定。他自己和胡亥和丞相是三个关键人物）就这样胡亥半推半就地同意了赵高的阴谋。于是赵高就去做丞相的工作。

赵高做丞相的工作，肯定不是把头提住手里去做，而是对各方面的形势，对李斯的心理状态，对他自己和李斯的关系，都摸得透透的。他肯定了李斯处在当前尴尬的情况下，一定很为难，但无论如何，李斯非跟着他走不行。他丝毫不惧怕李斯会翻脸，摆出丞相架势来，立刻下令把他和胡亥都抓起来，立刻把玺书流水似的传向太子扶苏，他本人立刻护丧回到咸阳，在朝廷上向大臣们公开宣布这一切情况，扶苏回来即位后，他或以列侯就国，或继续为少主充牛马，进退都有余裕。这何等漂亮。他完全应该这样做。这才不负始皇帝对他的知遇，也忠于他自己尊君、忠君的法家的学说。他这样做，就令招致任何风险，也值得。然而他却不能这样做，赵高料得他定，对他掌握得牢。

赵高和胡亥的对话，以及对话后他去拖李斯下水的谈话发生时，还在他们护着丧车回咸阳的路上。如果始皇令赵高为玺书后，还不立刻就死，则赵高也绝不敢，绝来不及胡思乱想，转出坏念头。赵高对始皇赐扶苏玺书一事反应如此之快，赐玺书一事就他来说是完全出乎意料，使已遭贬斥的禀性仁厚的太子扶苏回到咸阳来正位为天子。这件事对他简直不能容忍。分明是始皇在令赵高为玺书后不旋踵便死了。始皇竟不能忍死须臾，以待扶苏接到玺书，回到咸阳，正位天子后，然后从容死去，天乎悲哉。

这赵高是个什么东西？他的身份是个家奴，他凭什么会这样嚣张放肆？他和李斯的谈话第一句便是："上崩以前，有给扶苏的玺书，要他与丧会咸阳，立为嗣。"第二句便是："今上已崩，玺书我未发出，已交给胡亥，此事只有胡亥和我和你三人知。"第三句便是："由谁嗣位，扶苏乎？胡亥乎？决定于我和你，你准备怎么办？"开门见山，始皇帝身死后骨肉尚未寒，他的诏旨已不顶个屁，全不在这个奴才眼里，他赵高就是要顶着始皇帝干，你丞相准备怎么办？硬极了，每一个字都有万钧之力。

"安得此亡国之言，此非人臣所当议也。"这是丞相的声音，这是第一个回合。丞相不是个庸人，是个法家，回忆他的《谏逐客议》《焚书议》，他是个有大学问，有大气魄，满腹经纶的人。和赵高只这第一个回合，便输定了。

赵高并未忘记他自己的身份是个供奔走的厮役，对方是个丞相。可是，他说的每一句话都不是他这身份的人配说的，但他偏敢。他的话里只消如下几句便打中了丞相的要害。第一，二十多年来，秦国凡是罢免了的丞相功臣，没有一个能告老归里的，总是诛死。李斯出身白衣，这时富贵已极，心满意足，年已衰老，厌倦害怕政治上的风波。今后也只希望能以通侯就国。赵高对他这一心理状态摸得很清楚，故明明白白告诉他：你想不干是办不到的。第二，赵高列举了五点他不能和蒙恬相比，其中第四点是蒙恬无怨于天下，提这一点等于一把利刃刺入李斯的心腹。太子扶苏之遭贬谴，不就是为了他不赞成对孔子的门徒太苛刻使天下不安。贬到上郡后还继续上书不赞成他父皇的政策。而帮助他父皇焚书坑儒的不就是你这位大丞相么？赵高给李斯指出：你还想去做扶苏的大丞相么？不行，唯一的一条路是跟着我保胡亥。修改始皇的玺书。这时李斯已很清楚，大难临头，跟着赵高走，绝不是路，是好是歹，是吉是凶，只有老实执行玺书的意旨，再无考虑一人一家的生死祸福的余地，但面对着赵高严厉的态度，他完全失去了抵抗力，于是他仰天而叹，垂泪太息曰："嗟乎！独遭乱世，既以不能死，安托命哉！"于是他就把他这个大丞相的一切都交给赵高了。于是胡亥成了二世皇帝，扶苏收到叫他自杀的玺书，自杀了。于是大丞相在赵高掌握下成了一只死狗。胡亥成了二世皇帝后，这只死狗便成了多余的了。

始皇病困时，不直接以赐扶苏玺书这样大事交给丞相，委托丞相。赵高先把这事告诉了胡亥而且指示了胡亥该怎么办，不把丞相拉进来不行，然后再去拉拢丞相，实质上就是威胁丞相。如始皇以这样大事委托丞相，当然一切情况便不同，主要是丞相的地位，丞相的心理，丞相和这个狗奴才的主客的形势便大不相同。当然，李斯将如何处理这件大事，仍完全无法推测。不过始皇在垂死病中这样处理，反映了始皇对赵高的信任超过了对李斯的信任，再有一点，即始皇毕竟不失为大英雄、大政治家，到了垂死病中想起身后之事，想得很全面，显得很清醒、很理智。

他这时想到了一贯和他持不同政见的太子扶苏。他想起他统一六国后十年来的政治，修万里长城，盖阿房宫，修骊山陵寝，焚书坑儒，取消了除嫡子外的大大小小的一切贵族的特殊权利，遣方士入海采药求长生不老，这一切，在他得到李斯帮助的强大有力的政权控制下，谁也不敢吭一声，但不敢言而敢怒。老百姓对无休止的征戍徭役实在吃不消，日子比天下未统一前更难过。他自己多次出关巡游天下，登泰山，禅梁父，刻石歌颂自己的功德，向天下示威，但居然有不逞之徒，在博浪沙椎击他，居然中其副车，凶犯，大索天下十日不得；夜出微行遇盗阻击，凶犯，大索关中二十日不得。黔首刻陨石云："始皇死而地分。"将死前夕，分明自觉凡所作为不免太过，继体之君没有他的威德，怕镇压不住这个局面。这才想到召回贬退了的仁厚的扶苏回咸阳，由他来另搞一套。这时的心情，似有类于汉武帝晚年轮台之悔的心情。他又意识到身边这个法家大丞相和扶苏之间不一定协调，怕李斯出花样，赵高是个细人，又甚聪明能干乖觉懂事，他培养这个人正是为了监视丞相。大法家的政治家和英明的君王，到了后来会出现矛盾，这几乎是必然规律。这样来分析理解始皇垂死病中的心理状态，当不至于大错。但是，垂死病中，精力不够，只顾了考虑丞相的问题，未仔细考虑赵高的问题，聚九州之铁铸成了天大的错误。当时把事情交给丞相，不能保证后果一定圆满，但无论如何不会比交给赵高更糟糕。扶苏自杀，他们走在路上时便得到了回报。胡亥一回到咸阳立刻便正位为二世皇帝，二世元年春，出关巡行示威，四月回到咸阳，七月陈胜起义，天下响应。三年，刘邦、项羽先后入关，秦亡，始皇的子孙，宗室大臣，死得干干净净，一个不剩。

赵高设计的这幕丑剧，从朝廷到后宫，从诸公子到大臣，到天下每个角落，根本无一人相信，个个莫名其妙，人心无不震恐，不知赵高、李斯和胡亥闹的什么鬼把戏。这时赵高心里明白，胡亥是个二十岁的青年，他从未梦想当什么皇帝，该怎样当法他也全是莫名其妙。至于丞相，是他硬把这个老头子拉下水的，他未必有胆量敢偷改先皇的玺书。现在固然不怕他反悔，但他也绝不是个心腹可靠之人。现在是大权重权都集中在赵高一人手里，而他的身份又是那么低，势又是那么孤，面对着的是一大批公子、公主和满朝文武大臣，都睁大了两眼在瞧着他，固然他们谁也不敢说半句话。事情该怎么办呢？杀，一批一批地杀，把他们全都杀光。

于是一场大屠杀开始了！一场大悲剧开始了！妙在皇帝是个儿皇帝，赵高把他提在手里，怎么说他就怎么听。

于是“乃更为法律”，于是诸公子、公主、大臣们都不断犯罪，于是杀大臣蒙毅等，公子十二人戮死咸阳市，十公主矺死于杜，相连坐者不可胜数。于是赋敛愈重，戍徭无已，走在大路上的一半是受过刑罚的残疾之人，道路旁堆满了死尸。

二世二年七月，李斯被腰斩咸阳市，临刑前，顾谓其中子曰：“吾欲与若复牵黄犬俱出上蔡东门，逐狡兔，岂可得乎！”遂父子相哭而夷三族。而后光杆子儿皇帝在赵高逼迫下自杀了。最后立位不久便被项羽杀了的子婴是始皇之孙，二世之侄。赵高未来得及去投降沛公，被王子婴杀了。王应麟在《困学纪闻》中说：“秦始皇灭东周君之年，汉高祖生。天道可畏哉！”其意谓秦灭东周君乃统一天下之始，而秦王朝的掘墓人已应机出世。观于拙文以上分析，秦不但不是亡于汉祖，并且也不是亡于陈胜、吴广。其事之微妙复杂如上述，而始皇在沙丘垂死病中想到天下国家大计，已决定召回太子扶苏，取欠调之琴瑟改弦而更张之。使己遗愿得遂，秦肯定不会二世而亡。阴错阳差，始皇身后的政权落在赵高这个狗奴才手里，刘、项未入关中前他杀人如杀鸡犬，灭秦的族，使始皇子孙无孑遗者是赵高。至于刘邦在五年后建立起来的汉帝国完全同于始皇建立的秦帝国，他不愧为始皇事业的接班人。始皇地下有知，亦可以瞑目矣。

故以法家的铁扫帚横扫关东六国，顺时势的趋向完成天下的统一，当之者无不披靡。天下既已统一，仍然拿着铁扫帚不放手，则寸步难行。所以者何？用违其时也。然而上文已说得很清楚，法家是最后一个哲学学派，秦皇、李斯手中已无任何牌可打了。失道而后德，失德而后仁，失仁而后义，失义而后礼乐，失礼乐而后法术。天下统一后，又得另有一套了。但是，失法术而后什么呢？秦皇、李斯对此交了白卷。汉祖继秦皇而起，有鉴于秦二世而亡，而且亡得那样惨，于是他恍然大悟，入关后他首先来个约法三章，针对秦的烦苛，一切从宽从简。汉立后他和他的得力助手萧何不久便都死去。这时几项最重大的宪章都已粗定，于是曹参掌国家大权，一件事情都不做，不但不做坏事，连好事也不做，这便是有名的萧规曹随（萧何已制订了一部法典），一个劲让老百姓休息，曹参不久便也死了。汉文帝和窦皇后登上了政治舞台，于是汉家有了著名的半个世纪的所谓文景之治的太平盛世。明末大思想家王船山评论汉文帝的治国是一个忍字诀、一个让字诀，清净无为，等他的孙子武帝执政，放开手来大为而特为。据此，王船山又总结出一条规律，即紧接着政治上用申、韩的法术的大张之后，必流为黄老或老庄的大弛。此乃必然之理，自然之势。这个道理刘邦能懂，曹参能懂，汉文帝和窦皇后能懂，为什么秦始皇、李斯不能懂？是始皇、李斯的悲剧把汉代开国的君臣、父子、夫妻教育得聪明了。太史公司马迁也由于精研了秦汉之际的历史，才懂得把老庄、申、韩纳入一传，他们本是一家人。秦皇与汉祖易时则皆然矣。

老子五千言一开头便说："道可道，非常道；名可名，非常名。无，名天地之始；有，名万物之母。"秦皇用铁扫帚用到了山穷水尽，推车碰壁了，汉代开国后的君臣、父子、夫妻，便一齐倒到老母亲的怀抱里去了。

我写了这篇标题为"秦始皇和秦汉帝国"的论文，表示我对这位自春秋战国以来，首屈一指的大英雄人物的悼念和尊敬。他是一位悲剧人物。至于三代以上的英雄人物，则吾不及知之矣。

雄丽刚劲的两汉文章　敦大笃实的两汉人物　诗人哲人的时代过去了　振大汉之天声发思古之幽情　岂不在今日乎

两汉文学、政治、学术思想、社会风尚总论略

一　提要

在进入我们的主要课题之前，有必要回顾一下上一个时代，记住如下一些关键性的问题。

（一）从春秋到战国，这是我国历史上一个大动荡时代，人们的精神生活这时起了空前未有的变化。秦汉以后，大动荡的时代结束了，进入了一个新的稳定阶段。荀卿，特别是法家的学说替它在理论上作了铺路的工作。

（二）表现在政治和经济上，七雄并峙的局面结束了，新兴地主阶级的大一统国家形式出现了。

（三）表现在学术思想上，富有创造意义的，自由的，百家争鸣的风气一往不返了；烦琐的，经院学派的风气出现了。思想家的时代过去了，学究式的人物出现了。董仲舒、匡衡、贡禹、孔光等是上一个时代不能有的人物，孟轲、庄周、公孙龙是这一时代不能有，不容许有的人物。

（四）孔子不再是人，而是神了，思想家及古代文化的整理者的孔子变成了“素王”的孔子了。儒学成了权威思想，代表国家的思想了，有创造性的先秦儒家，如同公元四、五世纪以后的基督教一样，一则成了罗马的国教，一则成了汉家的御用工具了。

（五）从一般社会风气说，哀艳雄奇的国士之风成了统治阶级的眼中钉，郭解的悲剧是典型事例。公孙弘对于郭解的深文罗织，在上一个时代不会出现这样的事，虞卿这一类人物受到了班固严厉的谴责（参看《史记·游侠传》和《汉书·游侠传》）。大一统的国家的统治阶级对于人们提出了完全不同于过去的要求。这时候，学究式的人物和残酷的执法者是统治阶级最欢迎的人物。

（六）总的说来，一个富有浪漫意味的诗的时代过去了。一个基本上已进入了以逻辑为工具的思辩哲学家的时代，正在蓬勃发展之际，被法家扼杀了。对这句话不可从绝对意义去理解。由于上一代的蓄积深厚，国士的流风余韵无法于一朝一夕之间赶尽杀绝。不过，就总的时代精神来说，诗的时代过去了，哲学家的时代也过去了（参看闻一多：《文学的历史动向》）。

二　汉家政治措施方面的几个重要步骤

汉家在基本上是承袭秦制。高祖一入关，便和父老约法三章，公开宣布除秦苛法。这大概只是一时的权宜之计。他有鉴于秦二世而亡的前车，知道徒凭简单粗暴的方法便要蹈亡秦的覆辙。因此，孝惠四年，废挟书律。吕后元年，废三族罪，妖言令，五年，令戍卒岁更。后者一直未能落实下去，直到文帝时代才算落实了一个时期（参看拙作《文景之治与黄老哲学》）。这一系列的宽大措施缓和了统治阶级和人民之间的矛盾。原来高祖即位不久，便因劳瘁过度而死。他刚登上皇帝宝座时，廷臣吃醉了酒大叫，拔剑击柱，着实不成个体统；这才有叔孙通定朝仪，张苍定章程。他还措手不及来制定一套文化政策。孝惠帝享国不久，此后又经过了一度诸吕之难。汉家到了文帝才算得到了初步稳定。

文帝在正统派历史家心目中是三代后第一个贤明帝王。这看法不能说不对。他对内对外，都竭力执行黄老清静无为的绥靖政策。汉家如果没有文帝，则汉之为汉，尚未可知。在他手里替汉帝国打下了巩固基础，已有专文论述，兹不赘。（参看章太炎《检论·近思篇》，其中对文武二帝同样赞美。）

虽然在文帝时代人民得到了休养生息的机会，但是汉帝国和秦帝国在本质上是一样性质的帝国。东周以后兴起的封建地主阶级这时已达到发展的顶峰，因此，也就必然要走上反动的道路。无为而治的消极的绥靖政策无论如何只能是暂时的，脚跟尚未站稳时的权宜措施。汉家统治阶级的用心和秦始皇初无二致。在博浪沙椎击秦始皇的张良，还是上世游侠刺客的作风。“报秦虽不成”，然而“天下皆震动”了（太白诗）。此风如继续下去，汉家统治者能免于秦始皇所遭遇的命运么？这是第一点。第二，以吏为师，禁诗书百家语的路子行不通了，但自由讲学之风决不能听其复活，这就需要一套杀人不见血的文化政策。文帝的绥靖政策既已使汉帝国站稳了脚步，这就替他的子孙创造了条件来完成这两件大事。武帝开始镇压不受羁束的江湖豪侠，同时制定了罢黜百家独崇儒术的变相焚书坑儒的政策。汉家在景、武、昭、宣四代，国力达到了强盛的顶峰。宣帝教训他的儿子时，公开说：汉家是王霸杂治的，表面是儒家的外衣，骨子里是卖的韩非、李斯的货色。儒家在这个时期所起的作用是粉饰升平，装点门面。

我们现在来看一看正统派史学家班固对于郭解的悲剧的看法。他说：“郭解之伦，以匹夫之细，窃生杀之柄，其罪已不容于诛矣。”这明明说：生杀之权是皇帝的，郭解以一普通老百姓而为众望所归，能操生杀之权，这还不该死么？这是荀卿的“圣也者，尽伦者也，王也者，尽制者也，两尽之足以为天下极矣”的学说具体执行的后果（《荀子·解蔽篇》）。前乎荀卿的思想家是不懂这个逻辑的。但是班固也终于不能一笔抹杀这一班江湖豪侠的美丽人格。他说："观其温良泛爱，振穷周急，谦退不伐，亦皆有绝异之姿。"接下去便又一转："惜乎不入于道德，苟放纵于末流。杀身亡宗，非不幸也。"什么叫作"不入于道德，苟放纵于末流"呢？原来"温良泛爱，振穷周急，谦退不伐"的人都不能入于道德，统治阶级要求的道德毕竟是哪一门子的道德呢？班固的议论代表了汉家统治阶级的特殊逻辑。不但孟轲、庄周、惠施、公孙龙不能懂，连司马迁也不能懂。因此百家争鸣之风，决不能再任其继续（如再继续，这一套独断的逻辑便无法成立），而司马迁所以倒霉的原因亦可以思过半矣。

我们再看班固的另一段议论。他说："周室既微，礼乐征伐自诸侯出。桓文之后，大夫世权，陪臣执命。陵夷至于战国，合纵连横力政争强。由是列国公子，魏有信陵……皆藉王公之势，竞为游侠，鸡鸣狗盗，无不宾礼。而赵相虞卿，弃国捐君，以周穷交魏齐之厄，信陵无忌，窃符矫命，戮将专师，以赴平原之急。皆以取重诸侯，显名天下。……于是背公死党之议成，而守职奉上之义废矣。及至汉兴，禁网疏阔，未之匡改也。……布衣游侠，剧孟、郭解之徒，驰骛于闾阎，权行州域，力折公侯。众庶荣其名迹，觊而慕之，虽其陷于刑辟，自与杀身成名，若季路、仇牧死而不悔也。"

这是对于春秋战国以来思想大解放的精神的彻底否定。封建地主阶级再也不需要曾经替它冲锋陷阵的，带有破坏社会秩序意味的浪漫豪侠的精神气概了。它提出了新的道德标准，要培养一种老老实实，本本分分，在新的秩序下过日子的社会风气。所谓"汉兴禁网疏阔"，即指无为而治的绥靖政策时代（参看拙作《文景之治与黄老哲学》）。现在要分批收拾各色各样的不合规格的角色了。狠心辣手，昭然若揭。这是历史上的一大关键，其影响于人们的精神生活之大，简直无法计算。

和这一件事同样重要的就是"罢黜百家，独崇儒术"的文化政策。

据《汉书·董仲舒传》的记载："武帝即位，举贤良文学之士，前后百数。"董仲舒揣摩上意，作如下的对策"春秋大一统者，天地之常经，古今之通谊也。今师异道，人异论，百家殊方，指意不同，是以上无以持一统，法制数变，下不知所守。臣愚以为诸不在六艺之科，孔子之术者，皆绝其道，勿使并进。邪僻之说灭息，然后统纪可一，法度可明，民知所从矣"。

我们完全可以从荀子的学说里找出对策的理论根据。百家之学的罪名是使"上无以持一统、下不知所守"。假如我们善于读史，具有眼目，应该看出这里所谓百家是连孔子和先秦儒家八派的学说也兼包在内。创造性的学问只要存在，统治者的愚民政策就无所施其技。上就无以持一统，这是事实；下不知所守，这却未必然，人民有眼睛，自有理智，找出他自己应走的道路。不过人民找出的道路对统治者却不必有利。所以这一政策，在表面上抬高了孔子，实质是把孔子和百家一样都用闷棍打死了，剩下来的是一个无血无肉，毫无生气的孔子给统治者当御用傀儡。假如秦始皇早能有见及此，秦也不至于二世而亡了。先秦的儒家八派都是传孔子之道之儒，对所谓道不妨各有各的看法。这时的儒都成了传经之儒，都成了教条主义之儒了。而孔子的退天子、贬诸侯、讨大夫的精神及其著作不知哪里去了。

这以后文化界的情形，则完全如东方朔的《答客难》所说："夫苏秦、张仪之时，周室大坏，诸侯不明，力争政权，相禽以兵，并为十二国，未有雌雄。得士者强，失士者亡，故谈说行焉。……今则不然，圣帝流德，天下震慑，诸侯宾服，连四海之外以为带，安于覆盂，动犹运之掌，贤不肖何以异哉？"

这一段文章写出了先秦和两汉完全不同的政治环境。发展到顶点的，大一统的地主阶级，和先秦新兴的地主阶级不同了，向人们的要求不同了。从前要的是人才，现在要的是奴才，事实就是这样，有什么办法呢？这一段表面上歌功颂德的话骨子里有无限牢骚和烦闷。从“贤不肖何以异哉”这句话中，如闻东方先生叹息之声。

大同小异的话见于扬子云的《解嘲》。这是一位寂寞的书呆子。虽然书呆子气十足，但头脑是清醒的。他说：“当其有事也，非萧、曹，子房、平、勃、樊、霍则不能安；当其无事也，章句之徒相与坐而守之，亦无所患。故世乱，则圣哲驰骛而不足；世治，则庸夫高枕而有余。夫上世之士，或解缚而相，或释褐而傅，或倚夷门而笑，或横江潭而渔。……是以士颇得申其舌而奋其笔。……当今县令不请士，郡守不迎师，群卿不揖客，将相不俛眉，言奇者见疑，行殊者得辟。是以欲谈者卷舌而同声，欲步者拟足而投迹。……世异事变，人道不殊，彼我易时，未知何如。”

我们可以相信这儿所说的完全是当时的实录。“行殊者得辟”，司马迁是一个例子，杨恽又是一个例子。扬雄时代的文化人已不可能有上一个时代的文化人的幸运，虽有英雄，已无用武之地。从“彼我易时，未知何如”这句话里，我们应能体会到有才气的文人不得纵横驰骋的内心的悲哀。

我们如还记得先秦诸子百家和当时统治阶级抵掌而谈，合则留，不合则去的情形，便该追问汉家公卿将帅为什么忽然变得骄傲起来的原因。对于这一问题的答案，《史记》在卫青的传赞里已给我们准备好了。司马迁说：“苏建语余曰：吾尝责大将军至尊重，而天下之贤大夫无称焉。愿将军观古名将所招选择贤者，勉之哉。大将军谢曰：自魏其、武安之厚宾客，天子常切齿。彼亲附士大夫，招贤绌不肖者，人主之柄也。人臣奉法遵职而已，何与招士？骠骑亦放此意，其为将如此。”

这一段文章表面上不露声色，以走私的方式给后世留下了一段重要消息。《解嘲》里提出来的问题得到解答了。我们说：苏建是个大呆子，大将军是个乖巧的奴才，司马迁是个有心人。“天子切齿”

四个字何等形象，简直如闻其声。这一段文章妙在表面上似乎是替大将军开脱，使贤士大夫谅解他的苦衷，实则暴露了汉家统治阶级的专制残酷。大将军尚且如此，以下当然更不必说了。

上文已说：独崇儒术实际上是儒术连同百家一道罢黜了。必然的后果是思想疲乏。思想疲乏的后果是阴阳家的思想大大流行，这和变了质的伪儒学合流，成为一种四不像的东西。首屈一指的代表人物依然是董仲舒。他既会求雨，又会求晴。《后汉书》的方技传中有大批这类人物。本来在上一时代，诸子学勃兴，人们的精神生活几乎已完全走上了逻辑思维、科学思维的道路。由于思想疲乏的后果，历史传统里的消极因素变相变活，这是很自然的现象。人们的思想感情不可能出现真空状态，不走向积极的道路，就要走向消极的道路。

宣帝以后，汉家走下坡路了。武帝的穷极奢侈和对外用兵消耗完了先朝无为政策时代蓄积的资本（《汉书·武帝本纪赞》）。元、成以后，权移外戚。光武中兴以后，国力一直未能恢复到西汉鼎盛时代的地步。

三　两汉文学

两汉是个伟大的时代。汉帝国达到了在中国历史上空前未有的雄阔的规模。假如封建地主阶级在从春秋到战国时代是如日东升，那么到了西汉景、武、昭、宣之世就如日中天。这时它走上了反动的道路也可以说是历史的必然规律。两汉之所以伟大，由于它继承了前一个时代深厚丰富的遗产，但是，可惜得很，它实在没有什么留赠后人。在否定了两汉虚伪的、教条主义的儒学基础上，才开出魏晋的艺术鲜花（参看章太炎《五朝学》）。汉家在执行绥靖政策的时代结束以后，在所谓重农抑商的经济政策下，对春秋战国时期，随着奴隶制的崩溃而发达起来的工商业大施打击。如果不是这样，魏晋以后将出观一个什么样的社会是很值得思考的，可能不是一个“大抵南朝皆寂寞，可怜东晋最风流”的时代（唐杜牧之《润州怀古》）。

两汉就是这样一个时代，它是伟大的，但又是可憎恨、可诅咒的。汉家在文学上第一个杰出的人物当然是司马迁。他虽生于武帝的同时，但是他的风格、气度、思想、感情，都不是汉家文化的土壤里所栽培得出来的人物。他的名字写在汉家的历史上，是汉家的骄傲，但他生在这个时代实在是他的不幸。班固在司马迁的传赞中说：他“论大道则先黄老而后六经，叙游侠则退处士而进奸雄，述货殖则崇势利而羞贱贫”。他自己说：他是“少负不羁之才，长无乡曲之誉”（《报任安书》）。不羁之才即是一种浪漫精神，这是先秦的精神，不是两汉的精神。

司马迁的思想、风格，大致可从以下几点来说明。一、先秦国士的流风余韵。司马迁一生的心事就是追踪上代的国士。他爱惜李陵，替李陵讲话，因为李陵身上有国士之风。他不顾利害，挺身而出，也是这个国士之风在他身上作怪。他的一生也就是一首哀艳雄奇的诗篇。二、先秦儒家积极向上的用世精神。他佩服一个集古代文化遗产的大成，开战国文化新局面的孔子，想把这事业继续下去。继续的方法是“网罗天下放失旧闻”，“贯穿经传，驰骋上下古今数千年”（班固《汉书·司马迁传赞》）。他在《太史公自序》及《报任安书》两篇雄文中一再说：“西伯拘而演周易，仲尼扼而作《春秋》，屈原放逐乃赋《离骚》，左邱失明厥有《国语》，孙子膑脚，兵法修列，韩非囚秦，《说难》、《孤愤》，《诗》三百篇大抵圣贤发愤之所为作也，此其人皆意有所郁结，不得通其道，故述往事，思来者。”这一种心胸眼光、精神气魄，不是董仲舒以下的儒林传中的人物所能梦见的。三、道家的自然无为的世界观。这是继承自他父亲司马谈的家学。由道家的自然无为发展为老子末流的阴阳、五行，庄子末流的颓放，在他身上找不到一点痕迹。他从上代的社会风气、文化传统里都是接受的最健康的成分，实在是个充实光辉、瑰丽奇伟的形象。

略谈一下司马迁的文章。司马迁的文章雄浑豪迈处和孟轲可以对垒。浪漫的情趣则同于庄周而别开生面，这一路笔墨简直不是散文，而直入诗的堂殿。像《滑稽列传》、《屈原贾生列传》、《游侠列传》都是最现成的例证。抒幽郁之情、吐不平之气，和《离骚》可以分庭抗礼。至于直接燕赵慷慨悲歌之士的光辉传统则是史公独有的特色。他几乎对世间一切存在都发生浓烈的兴趣。《外戚世家》是第一篇详细描写妇女的生活、关怀妇女命运的文学作品。读后，令人起一种无可奈何之感。这篇文章和《滑稽列传》开后世小说的先河。明朝文学家归有光也专学这一路笔墨。《封禅书》对武帝不加一谴责语，令人读后有啼笑皆非之感。这是一篇出色的嬉笑怒骂的文章。有时他用很简单的几句话给人以很深广的暗示。《淮阴侯传》中写韩信的骄傲和自负，不从正面写。却写他一天到樊哙家去白话，樊哙说："大王乃肯临臣。"韩信出门时说："生乃与哙等为伍。"前一句即："您大王居然肯赏脸到我家来。"一副受宠若惊，屁滚尿流的样子岂不活画出来了？后一句译为今语即："怎么打发日子呢？和这样无聊的人鬼混混罢了。"如我们记得这时韩信已经倒霉，已经不是大王了，但威风尚在，而樊哙也非等闲之辈。一、他是刘邦的亲戚；二、他也是一员虎将，在鸿门宴上表现得有声有色，则韩信的地位、威望，韩信的傲兀自喜，不可一世的精神和一肚子牢骚就全衬托出来了。刘邦终于不得不杀韩信也完全可以理解了。这就是《世说新语》所谓"传神在阿堵间"的笔墨。又如绛侯周勃被文帝关在狱中。在狱中情形一字未写。释放后记下一句周勃的话："吾尝将百万之兵，今乃知狱吏之贵。"这结合《报任安书》所写："见狱吏则头抢地，视隶徒则心惕息。"此狱中的恐怖情形完全显现在纸上了。体现到这个恐怖情形的是个带领百万大兵的，立下了盖世功劳的大元帅，形象便格外突出。所谓闲处着笔，冷处着笔，便是这类手法。学会了这个，一辈子受用不尽，但如果自己毫无生活经验，以上所说也都是“闲言语”。《外戚世家》写卫皇后来历不明，家世不清白，只一句：“生微矣，盖其家号曰卫氏。”卫皇后的妈的身世虽不能知其详，但如隔帘花影，隐约可见了。

除了司马迁以外，第二个应该介绍的名字就是班固。迁、固一直是并提的，如同八代诗人里的颜、谢，唐代诗人里的李、杜，魏晋清谈领袖竹林七贤里的嵇、阮。近来也有人提出认为不配。并提有其值得并提的地方，说不配也有不配的根据。

作为一个历史家，历史材料的整理排比者，班固是有资格和司马迁并提的。作为一个文学家，班固的文章整齐精炼，下开齐梁骈偶文的先河。魏晋的散文，时而单行，时而俪语，骈而不骈，散而不散，其风格可以说在迁、固之间，章太炎一生专学此种。唐朝的古文运动虽否定了骈文，但并未否定开骈文先河的班固。古文运动的领袖昌黎的文章可以作证。班固的文章虽是后世形式主义的骈文的祖师，但说班固也完全是个形式主义者则肯定是错误的。丰富的内容，雄丽刚劲的作风堪与史迁伯仲而无愧色。

可是，作为一个“人”而论，班固就不能和史迁相提并论了。上文已经交待：汉家自景、武以后，刻意以政治力量树立一种新的社会风气。班固是这个风气中人，而史迁则是特立独行于这个风气之外，虽九死而不悔的人。换言之，史迁是继承上一代的大解放精神的传统的人，而班固对此丝毫无所感受。更换言之，史迁是个别有怀抱的千古伤心人，其伤心处只有作《神曲》的但丁，作《红楼梦》的曹雪芹能懂得而相契于无言，班固是个普通的正常人。更换言之，史迁是属于全世界的人，而班固是汉家一个有学问、有文采的史官。史迁是个悲剧的主人翁；班固虽然后来也未得好结果，托身贵戚权门，因贵戚权门失败而殃及池鱼，根本说不上有悲剧的意味了。

贾谊和司马相如的名字，我们在谈汉赋时要提到。现在先提一下《论衡》的作者王充。他虽是班家这个学术文化俱乐部的成员之一，但他的成就看不出和班家的学问有何渊源继承的关系。他是东汉初年的人，他生在那个时代，可以说很不幸，也可以说很幸运。那时，是个十足的乌烟瘴气的时代。那时百家之学久已熄灭，传统迷信的阴阳家和伪儒学合流的“新风气”已经形成。他以怀疑主义的姿态提出了许多问题，在当时要算是一副清凉散。作为一个建设性的思想家而论，他的成就不算很大，不但比不上战国时代的前人，和下一代扫象谈《易》的王辅嗣、注《庄子》的郭象、注《论语》的何平叔，以及夏侯太初、稽中散等人相比，都有逊色。但是，在那思想疲乏贫困的年代他却不失为一位空谷佳人，虽然理趣并不渊深，文章也不华美，但是如果生在先秦百家争鸣的时代，以他的理论能力，又安能推测他的造诣将达到什么高度水平呢（参看章炳麟《国故论衡·论式》）？

杨恽的悲剧可以说是司马迁事件的余波。在杨恽以前，东方朔的智慧已看出了时代的消息。据《汉书》的记载：他是“口谐倡辩、不能持论，喜为庸人诵说”。扬雄对他的评价是“言不纯师，行不纯德，其流风遗书，蔑如也”。班固说他：“诙达多端，不名一行，应谐似优，不穷似智，正谏似直，秽德似隐。”大概他有一点像个哲学家，又不够，在主子面前，有时也讲几句正经话，有时装装鬼脸，凑趣儿，遇有机会也讨点小便宜，在杨恽以后的扬雄也和东方朔一样看出了时代的消息，但分量比他重得多了，风格也比他端重得多了。假如扬雄算不上第一流的文人，应该算是最可爱的文人中的一个。他的文化生活可分为两个阶段。年青时学词章，是作赋的能手，后来想做思想家，认为年轻时的活计是雕虫小技。这个认识，也对也不对。文学创作不是雕虫小技，但汉赋的体裁，汉赋的创作方法产生不了真正的文学。这问题以下交代，作为一个思想家，扬雄的努力也是失败了的。他的哲学著作《太玄》和《法言》对于思想没有贡献（参看章太炎《检论四·案唐》）。太炎所谓“追琢章相，不见内心”，用今天的术语，即形式主义、古典主义的作品。原来王充很满足于分析当代的时弊，扬雄则抗心希古，要谈宇宙人生的最高真理。王充抓住了当前的问题，也就抓住了“永恒”。扬雄忽略了当前，“永恒”也落了空。当时的政治环境不容许有上一代的第一流思想家出现，因之扬雄的失败是很容易理解的事。

但是，尽管如此，扬雄是个很可爱的形象。他书呆子气十足，有可以爬上去的机会不想爬上去，一生过着寂寞淡泊的生活，所谓名士风流在他身上已略见端倪。作为一个学者而论，他有丰富的古文奇字的知识，该属于第一流。刘向、歆父子的名字应该归到经术史里去。刘向的《说苑》、《新序》都保存了有关上一个伟大时代许多有价值的材料。刘向的奏章丁宁周至，表现了对汉家统治阶级的耿耿孤忠。诸葛的《出师表》渊源于此。

现当略论汉赋。总的说来，汉赋不必可贵。一无思想，二无感情，三无瑰丽奇伟的想象。它不具备艺术上最本质的东西，是这个伟大而又可憎的时代的特有产物。但是初期的汉赋尚有楚骚的流风余韵，贾谊是其代表人物。这位年轻的政治家，在某一点上，也和司马迁一样，是个综合性的，对各方面有深广兴趣的人物。用闻一多说法，初期的汉赋和《离骚》一样是三百篇拖下来的一条光荣尾巴。现以贾谊有名的《鹏鸟赋》为例：“千变万化兮，未始有极。忽然为人兮，何足控搏；化为异物兮，又何足患！小知自私兮，贱彼贵我；达人大观兮，物无不可。贪夫徇财兮，烈士徇名；夸者死权兮，品庶冯生……”形式是活泼的、轻灵的，不像后期汉赋那样笨重，内容是清新的。三山老人语录云：“性命死生之说，老庄论之备矣。自秦灭学之后，贾谊首窥其奥。”（参看胡仔：《苕溪渔隐丛话》后集卷一）后期笨重的汉赋失去了道家哲学的思想内容，也并未代之以任何其他思想内容。直到魏晋之际，这一种思想内容又在清谈家的手中复活了。后期的汉赋应该算是三百篇拖下来的一条不光荣的尾巴。但是汉赋却非常难作。写一篇赋，作者要做穷年累月的准备。另外，作者要具备极丰富的博物知识。在昔两京盛时，帝王雄丽壮伟的宫殿苑囿；西域进贡的方物；珍禽怪兽；异草奇花，亦可谓千载一时。“万里戎王子，何年别月支”（杜甫诗），“年年战骨埋荒郊，空见葡萄入汉家”（李颀诗），唐代的诗人尚为之咏叹不置。值思想疲乏贫困之时，文人便搜索奇字，雕镂章句，铺陈排比这个伟大场面以消遣岁月，兼以为媚上的工具。所以它在本质上是一种帮闲文学。后期汉赋的规模都大到惊人的地步，作者除了要多识古文奇字外，还要有极强的组织能力。它虽不能在艺术之宫里占一崇高席位，但这一客观存在的本身却反映了汉帝国的泱泱雄风，作汉赋的第一把能手是司马相如。枚乘是一班青年比较生疏的名字。

魏晋以后的赋又成了抒情诗篇，上接《离骚》、《九歌》神女高唐及初期汉赋的传统。陈思的《洛神赋》、陆机的《吊魏武赋》都是一代名作。向子期的《思旧赋》一往情深，百读不厌，更无待烦言了。当然也由于他所思的对象是旷世难逢其俦的嵇中散的缘故。

在地位上应该代表汉家韵文的赋既因失去了艺术的本质而缺乏光彩，《古诗十九首》虽篇幅不多，填补了汉诗的空白。此外，便要郑重提出小夫贱隶之手的《汉乐府》。士大夫不能摆脱统治阶级文化政策的影响，不能希望人人都像司马迁那样独立于风气之外。小夫贱隶则在无恩惠的国度里过着无恩惠的生活，担负了延续艺术生命的责任。这一些作品上接三百篇，是普通人民随口吐出来的奇迹，给予建安以后的文学影响之大，比那些笨赋不知要大多少倍了。

到了东汉后期，代表统治阶级的帝王愈加昏愦到了不通人事的地步。更没有适当的语言来描写当时人民的痛苦。这时，士大夫这个集团干了一件轰轰烈烈的大事，以郭林宗为首的当时的知识分子和包围在帝王左右的宦官展开了你死我活的斗争。结果是两败俱伤。接着便是农民起义，以后便是三国分立，历史又转入一个新的局面了（参看范蔚宗《后汉书·党锢传》）。

这以后人们的精神生活，学术思想，社会风气，又起了一次大变化。沈约说："自魏氏膺命，主爱雕虫，家弃章句，人重异术，自黄初（魏文帝年号）至于晋末，百余年间，儒教尽矣。"（《宋书·臧焘徐广傅隆列传论》）

这说得很清楚，汉武帝和董仲舒手订的文化政策破产了，用鲁迅的话，老调子已经唱完，再也唱不下去了。沈约是个正统派的历史家，文学家。"百余年间，儒教尽矣。"言下有无限惋惜之意。正如其他正统派史学家对西周的秩序到了春秋时代遭到破坏表示惋惜一样。

这以后，在政治上是个长期混乱的时代，人民生活痛苦，无待烦言。伪儒学破产后，在老庄思想乘权之下，怀疑主义代替了上一个时代的独断主义，名士风流代替了上一个时代头巾气的经生学究。上一个时代的迂腐、迷信、可憎，和它的伟大一同消逝了。虽然造成变化的因素是多方面的，一代天骄的魏武却是个关键性的人物。

总论两汉的文章，雄丽刚劲之风以西京为极盛、东京稍衰，至魏晋则一变而为安雅清妍。魏晋文章的整饰雅洁是班固的影响，低徊往复，唱叹不尽是史迁的余音；风格柔和，无复两京刚劲之气，则虽魏武亦不能免。可见得文章之道确乎不是雕虫小技，它和政治、经济、社会风尚，息息相通。我们谈两汉文学始司马迁，而殿之以魏武，这个风会变迁的痕迹便清清楚楚可以看出来了。

论西汉文景之治和先秦黄老思想

前　言

本文分四个部分：一、高皇的得国和文帝即位前的汉家政治形势。二、文帝接受黄老思想的内因外缘及黄老思想在政治上的具体体现。三、汉文帝和贾谊。四、汉文帝和晁错。

先秦黄老思想是文帝治天下的精神武器。本文对此不作专门系统论述。以后我将写一篇《柱下五千言疏解》，前言已毕，以下是正文。

一　高皇的得国和文帝即位前汉家的政治形势

高皇的得国可以说是够得上正正堂堂的。秦二世元年，他和项梁叔侄差不多同时响应了陈胜、吴广的义兵，参加了诛暴秦的壮举。因项梁是楚国大将军的儿子，号召力比他这个泗上亭长当然大得多，他便托身于项梁作为他的部下。不久，陈王牺牲了，项梁也相继牺牲了。他已露头角，奉怀王命西入关。入关后接受了秦王子婴的投降，和关中父老订了有名的约法三章，一反暴秦的烦苛之政。又听从了樊哙、张良的忠告，克服了庸俗的富家翁思想，还军霸上，不住入秦宫殿，财物无所取，妇女无所幸。这使得范增也觉察到他“志不在小”。这以后便开始了他和项羽的五年血战。论项羽的剽悍，刘邦不是他的对手，但作为一个成功的军事政治的领袖，所需要的条件非止一端，单凭剽悍不济事。当项羽已兵败自刎，在汉五年，诸侯王推刘邦为皇帝于定陶。他第一道诏书是封故衡山王吴芮为长沙王，封故粤王无诸为闽粤王。因吴芮和无诸都是参加了诛暴秦的义举的，项羽大封诸侯时，把他们都遗忘了。这二位对他和项羽的浴血苦战都未出过一分力，追思其破秦之功而封之。至于他自己的心腹爪牙，他所谓“功人”和“功狗”张良、萧何、曹参、周勃等以及他的子弟，都姑且靠后；直到汉六年，他从洛阳迁都长安后才论功行赏[①]。王船山对这一项措施给予极高的评价。他说：“此之谓大略，此之谓大公，楚汉争于北而南方无事，久于安则乱易起，立王以镇抚之，此之谓制治于未乱。以项羽宰天下不公为罪而讨之，反其道而首录不显之绩，此之谓不遐遗，得尚于中行。”[②]

人们也都熟悉他如下一段故事：“未央宫成，高祖大会诸侯于前殿。高祖奉玉卮，起为太上皇寿，曰：‘始大人常以臣无赖，不能治产业，不如仲力。今某之业孰与仲多？’殿上群臣皆呼万岁，大笑为乐。”有不少人认为这才是刘邦的真情流露，真面目的暴露，而即皇帝位时下的第一道诏书，首先照顾了项羽大封诸侯时遗漏了的，也参加了诛暴秦的两位好汉，不过是装模作样骗骗人而已。我认为刘邦刚即位时的诏书和他后来在未央宫宴会上对太上皇的一席话都真实反映了太祖高皇帝这个人。人，本来是多方面的。

有关这位君王的故事，还多着呢。请看下文这一则。周昌“为人强力，敢直言，自萧、曹等皆卑下之。昌尝燕时入奏事”（《汉书

---

① 《史记·高祖本纪》、《陈涉世家》。

② 王船山：《读通鉴论》高祖。

音义》曰：以上燕时入奏事），高帝方拥戚姬。昌还走。高帝逐得，骑周昌项，问曰："我何如主也？"昌仰曰："陛下即桀纣之主也。"于是上笑之[①]，然尤惮周昌。这不是个典型的市井无赖身段吗？然而他内心里对待周昌还是很敬畏的。多赖史迁的直笔把这些宫闱秘事都给我们记下来了。这对于我们全面了解研究这位君王是很必要的。

他在庆祝未央宫落成的盛大宴会上，当着满朝大臣向太上皇进酒，公开让大臣们知道他父亲一直认为他是个无赖汉，而这个无赖汉今天却做了皇帝。这只能说明他豪放。皇上在太上皇面前完全是孺子之态，紧接着写"殿上群臣皆呼万岁，大笑为乐"。这写出了大臣们对这位无赖汉出身的皇上很服帖。

至于即皇帝位后第一道诏书之所以得到船山那样的高度的评价，是由于他这时头脑十分冷静，理智十分清醒，他一点没有忘本，一点没有弄错事情孰轻孰重。尽管吴芮和无诸在推翻暴秦的战争中并未起多大影响，但毕竟举了义旗，是诛暴秦的同袍。项羽在分封诸侯时把他们忘了是大大的不该。他知道天下甚大，人心万态，诛暴秦是天下人的共同愿望，所以陈胜、吴广一起义，天下便云合响应，奋起而亡秦族。至于拥护他当皇帝则是萧、曹等他的丰、沛死党的一班人的私意，连张良也没有这个心[②]，二者决不可本末颠倒，冠履倒置。

他见到这一点了，就这样做了，完全从他内心里自在流出，何虚伪之有呢？

凡持论切忌责人无已，诛心没有止境。有时对胜利者如此，有

① 《史记·周昌传》。

② 《史记·留侯世家》：张良帮助刘邦定天下后，向刘邦慷慨陈词，自抒怀抱：他帮助刘邦是为了自己家世相韩，韩亡于秦。他要替韩报仇，诛无道之秦，而当代除刘邦之外，无第二人能成此壮举。故他才效忠于刘邦。按：这才够得上真正光明磊落的大丈夫。内不欺心，外不欺人。刘邦听了这话，也丝毫未因此不信任张良。他知道唯有这样严肃认真的人，才真是可信赖的。当时刘邦已做了皇帝，凡有点瓜葛的谁不想来攀龙附凤？张良已被刘邦认为是三大特级功臣之一。偏在这时说：我本不是为了你，替你出力，都是为了替韩报仇。做人难道不该做这样的人么？

时对失败者如此。结论是古往今来，无非混蛋。这种道德上的虚无主义，我以为是很可怕的。当然，我也知道古往今来，混蛋确不少。但是，凡在政治上能建大功立大业者，总一定得有卓越的见识。根据苏格拉底的哲学，只有最愚蠢的人，才做全不利于任何人，只于自己一个人有利的事，结果是自己动员所有的人都来一齐向他进攻，把他击成粉碎。故道德与智慧是一回事，不是两回事。天下最坏的坏蛋，其实都是最蠢的蠢汉[①]。论人论事，有时候我们还该观过知仁，而况有些事结合具体的人，也许根本就算不得是过。刘邦燕居时把戚夫人搂抱在怀里，被御史大夫周昌闯进来瞧见了，有点不好意思，于是赶上周昌将他打翻在地，骑在他脖子上，问他："我是个什么样的皇帝？"周昌答："你和桀纣一样！"于是他一笑，什么都完了。

这不也反映了太祖高皇帝很没有皇帝架子么？不也反映了他的宫禁很不森严么？不也反映了他君臣之间很有风趣么？

尽管如上所说，高皇得国甚堂皇，在关键时刻，重大措施甚得当，然而在文帝即位以前，汉家的政权还一直没有稳定下来。假如没有文帝，则汉之为汉，可以肯定说，尚不可知。

从汉五年灭项羽，刘邦即皇帝位，到汉十二年高祖驾崩。这七年期间，他一直风尘奔走，很少有时间高拱长安[②]。

"汉十年九月，赵相国陈豨反代地。"[③]高帝亲自到了邯郸，吩咐周昌[④]选拔赵壮士堪为将者四人，来面见天子。一见，天子便骂开了："竖子能为将乎！"

四人惭，皆伏地。上封各千户以为将。

左右谏曰："从入蜀汉、伐楚，赏未遍行；今封此何功？"

---

① 参看斯塔斯著：《批评的希腊哲学史》。

② 《史记·高祖本纪》。

③ 《史记·高祖本纪》。

④ 即御史大夫周昌，此刻为赵相国。

上曰："陈豨反。赵代地皆豨有。吾以羽檄征天下兵，未有至者。今计唯独邯郸兵耳。吾何爱四千户不以慰赵子弟。"皆曰："善。"

又求乐毅有后乎。得其孙叔，封之乐乡，号华成君。

问豨将。皆故贾人。上曰："吾知与之矣。乃多以金购豨将，豨将多降。"

陈豨据代地造反时，封功臣的工作还未结束。这说明大大小小的功臣太多，这工作不容易做。这就愈见得汉五年，他在刚即皇帝位时，立刻内断于心，先封两个局内局外人的英明。善弈者往往于百忙中在闲处落子，其实不是闲处。

功臣尚未封完，受了侯封，受了重任的陈豨已在边疆造反了。天子只有御驾亲征，无将可遣[①]。尤其触目惊心的是高皇以羽檄征天下兵，一个兵也未征到。中央之于地方，竟不能如身之使臂，臂之使指。地方之于中央，又何尝能如手足之卫腹心，枝叶之庇根本。故陈豨反代也一定要速战速决。一旷日持久，形势就不妙得很。今天是征不到一个兵，明天便将是各路兵不征都来了。

为了达到速战速决，高皇的部署是一般人所不能测的。他首先叫下面推荐四员可用为将的邯郸土著小伙子来见他。一见面便先折辱他们一通，示以天子的威严。然后，立刻便重赏。这样，不仅只邯郸，赵国的青年壮士都动员起来了。这是一步棋。还有赵国的父老呢，要团结。于是广泛打听最得人心的望诸君乐毅有子孙没有。得到了他的一个孙子，立刻赐地封爵。这又是一步棋。又派人摸底陈豨所用将领都是些什么人。知道了他们都是些商人，于是他说：我懂得如何对付他们。商人重利，用金子去收买。这是第三步棋。

---

① 上欲自击陈豨。蒯成侯泣曰："始秦攻破天下，未尝自行。今上常自行，是无人可使者乎。"（见《史记·蒯成侯传》）

其实高皇真正依靠的还是汉太尉周勃，道太原，入定代地。还有汉将军郭蒙驻赵防卫，有了这三步棋陈豨瓦解得更快，与代相邻的赵更安全了。陈豨九月里叛乱，冬天便基本解决了。

“汉十一年秋七月，淮南王（英）布反。”这时高皇身体已很不适。这情况英布也估计到，谓其将曰：“上年老厌兵，必不能来，使诸将，诸将独患淮阴彭越，今已死，余不足畏。”[①]

然而上终于自来了，因实在无人可遣。行前的情况如下：“吾惟竖子固不足遣（竖子指惠帝，时为太子），而公自行耳。”[②]于是上自将兵而东，群臣居守，皆送至霸上。留侯病，自强起，至曲邮[③]见上曰：臣宜从，病甚。楚人剽疾，愿上无与争锋；因说上令太子监关中兵。

这时高皇的心情，留侯张良送别的场面，显得很紧张，也颇有点凄凉。留侯十分关怀高皇以带病之身亲临前线，而英布又是何等强对，自己以带病之身还要替皇帝策划，向他建议：关中军务要叫太子亲自掌握。上曰：“子房虽病，强卧而辅太子。”这话不在庙堂之上公开说，而要到曲邮君臣二人悄悄说。

击破了英布后，高祖还都，经过他的故乡丰、沛，悉招故人、父老、子弟纵酒；自作歌诗，慷慨伤怀，泣数行下。他如果还不算个胜利者，历史上还有谁算个胜利者呢？那么，他还为什么伤怀？他还为什么泣数行下呢？

这一次是带病东征，不出来又不行，身心本已十分疲乏。在激烈的战斗中又为流矢所中。英布死了，他也伤了。回到长安不久便驾崩了。周勃平定燕王卢绾的叛乱回京时已在他的身后[④]。他当然知

---

① 《汉书·英布传》。

② 《资治通鉴》卷十二。

③ 地在今新丰西。

④ 《史记·高祖本纪》。

道，不但汉家江山尚未巩固，就连他的爱子爱妃赵王如意和戚夫人的命运他也无法管；怎样设想使他们万全，也终无万分之一全的把握。他只有悲歌[①]，正如陆平原吊魏武帝赋所说："生时以天下为己任，殁时以爱子托人。"无论多大的英雄，无论他怎样不可一世，刚猛抗厉，他的勇总有时而穷，智总有时而竭，气总有时而衰，他总有个末路。太祖高皇帝也不例外。

为什么论功行赏的工作尚未搞完，而关东的大王们已经离心离德，不断出事故呢？这问题如果归咎于高皇的过分雄猜，寡恩薄情，或相反，归咎于大王们皆剽悍之材，枭杰之将，不能老实安分；则正反双方都可以从容自持其论，同时双方都可以从容据自己的论点，将对方持论一一驳回。如是，则历十、百、千年，而是非终不能定。就迁史、班书所载，高皇豁达大度，都有事实为证[②]。大王们对高皇惴惴小心，如临于谷，如临于木，也都有事实为证。因此，要解答这个问题，要向当时的政治形势中去寻求答案。

从周室东迁，王权微弱以后，文、武、周公时代的世官世禄的制度便逐渐动摇没落。演变到战国，便出现了前所未有的赵翼所谓白衣将相之局[③]。这对过去的世卿世禄的贵族政治制度来说，怎么也得肯定是一大进步。在这制度下最活跃的人物是纵横家、兵家、法家。特别是法家作用最大，他们是实干家，而又有理论、有学问。法家帮助秦国建立了一个统一天下的中央集权的极端专制的帝国。当然，兵家和纵横家也与有功，但法家功劳最大。

当时儒、道、墨三家最大学派，虽各有自己的基本方术，但对

---

① 《史记·周昌传》。

② 赵相贯高组织了一个暗杀团，想刺杀高皇。事发，贯高以一身任之，只求不连累赵王，则虽灭九族而无恨。因赵王确实未参与其事。事情弄清楚后，高祖称贯高为壮士，准备重用他。贯高自杀。所有暗杀团成员都得到了信任，有声闻于世。从此例看高皇度量不可谓不大。

③ 见《廿二史札记》。

七国互争雄长，争战不息的局面都同样表示深刻不满。儒家的态度最明显。孟子说："天下恶乎定，定于一。"[①] 又说："民之憔悴于虐政，未有甚于此时者矣。"[②] 道家的庄子在《天下篇》中也指出："天下大乱，贤圣不明，道德不一。"深悲百家的往而不反。庄子也认为当时是个天下大乱的时代，墨子则以自苦为极则，以拯救他认为是灾难深重的人民。他理想的黄金时代是大禹的时代。他的精神是宗教家的精神。这三家圣人事实上都是在替秦皇替法家鸣锣开道。他们身后不太久便出现了像秦那样大一统的中央集权的专制帝国，这是他们所始料不及的。事实上法家正是儒、道两家交配生出来的混血儿。法家说：你们天天都在不满于现实，喊叫要归于一。我替你们归于一了，还不好么？你们又说不要这个样子的统一，不要用"灭礼义而尚首功"的方法来统一[③]。要统一，要以民为贵，以民为本。这是孟子的声音。要统一，还要自由，要高谈齐物，一往平等。这是庄子的声音。法家说："办不到。要统一，只有尊君。"尊君和耕战是法家策划的使天下归于一的两个方略。

高皇的得天下完全是投的陈胜起义的机。他不忘本，终西汉一代，一直上陈胜的坟。他这个人是个不学无术的人，但在政治上有其独特的天才。

他知道天下共苦暴秦已久，他决不能照走始皇、二世的老路，把老百姓、特别是农民以及士大夫都搞成普遍奴隶，但同时也不能允许让社会回到秦统一以前的局面。即他坐在关中，把关东交给这批大王们。如果这样，中央集权的统一绝不能持久。这当然完全从他一人一家的私利出发，但他也能窥见社会上有一股潜在的力量要求统一，要统一就必须中央集权，就必须尊君。这都是逻辑的必然，

① 《孟子·梁惠王章句上》。

② 《孟子·公孙丑章句上》。

③ 鲁仲连语见《战国策·赵策》。

要求统一的愿望来自下层广大人民群众，也来自上层社会里的这个“子”，那个“子”。这股力量相当大。反对这股力量的，主要是六国旧贵族，但他们已无能为力。尽管他们当中还有像田横那样出色的人物，还有张良，也是旧贵族。他自知不行，自知只有依附刘邦才能为韩报仇。

据上所论述，则当项羽自刎后，高皇和大王们的矛盾立刻便上升到了无法调和的地步。无所谓真理在谁的手上，真理是有翅膀的，谁也不能把它死死地捏在手里，而只是高皇的自私自利，有要求统一不喜欢分裂的社会力量作基础，而且，他一入关，便和父老约法三章，表明了他的政治态度，不是来当秦始皇的。这就任何人都不能和他抗。此所以张良和韩信都说他是“天授”。什么叫天授呢？天在哪里呢？历史的传统，社会的潮流，民心的向背，加在一起便叫作天。斟酌权衡于其间的是人。全看不见这些客观存在的势力的“英雄”们只有失败。据此去理解西汉一代的政治，看道家、儒家和法家起、伏、消、长的关节，虽不中亦可以免于太远。

二　黄老思想所以被文帝接受的内因、外缘及其在各方面的表现

据班书《文帝纪》臣瓒注：“帝年二十三即位，即位二十三年，寿四十六崩。”又据《史记·高祖本纪》：“汉十一年立子恒为代王，都晋阳。”（按：恒即文帝）又据《史记·外戚世家》薄太后世家，代王立十七年高后崩，大臣议立后，疾外家吕氏强，皆称薄氏仁善，故迎代王，立为孝文皇帝而太后改号曰皇太后。

以上把有关的重要问题都交代清楚了，现在便当问：文帝以一个二十三岁的青年王子，从代王的位置上被汉室大臣迎到长安来做汉

帝国的皇帝，他是怎样和柱下之史打起交道来的？

五千言写成书大概在战国时代，出于老子的后学之手。周衰后失职的王官，将文化带到社会上，这在当时是个重要现象。老子是这群人中最出色的一个。

五千言我认为可以名之曰“资治哲学”。老子说话的对象是帝王，他在告诫为帝为王者如何才能保持帝王的高高在上的尊贵地位，至于怎样打天下、得天下，这方面他一字没有说。

如果据这一点，有人愿意为帝王的忠实奴才，我认为也可以。但是，也得允许还可能有其他看法。他批评他们，呵斥他们，讽刺嘲骂他们是极辛辣的，要求他们是极苛刻严格的。在先秦，他的思想一直在水边林下传播。登到庙堂之上，则始于汉相国曹参。曹参继萧何相汉惠帝①，没多久便死了。接着惠帝驾崩。再接着便是诸吕之难，宗室及大臣诛诸吕。

在中国一部廿四史中，汉文帝可以说是柱下之史唯一的一位天子门生②，而且的确是十分忠实的一位天子门生。单就这一点，我觉得这个问题实在值得谈一谈。

文帝即位时，正值汉帝国全盛之世，但帝国确实还面对着许多重要问题有待解决。关东清除掉了一批异姓的大王后，另换了一批同姓的大王，其为不安定因素则一。此外，北方有匈奴这个汉帝国的硬对，也正值全盛之时，东北有高丽，南方也有些小名堂。此外，天字第一号的农民问题根本未解决，还有商人问题。高皇在时，

---

① 《史记·高祖本纪》。

② 晋室东迁后，有王导、谢安两位风流宰相。他们治偏安之邦，使国家小康，社会丰乐，士大夫免于重足而立。他们基本上也借用道家哲学。自魏正始后，清谈之风起，以何平叔、王辅嗣为领袖。这时的提法已不是黄老，而是老庄。这时对庄的兴趣比对老似还大一些。提法的不同，标志着精神实质也有所不同。汉初用黄老其意义是积极的，是蓄积力量，当时天下是全盛的天下。东晋王、谢用老庄则是消极维持现状，以此为团结以顾荣、贺循为首的江南士族的工具。参看《通鉴》、《读通鉴论》两晋部分及《世说新语》等书。

百忙中瞧着他们总觉心头有气。“汉八年，下令贾人毋得衣锦、绣、绮……操兵、乘、骑马。”[①]这算个什么政策，这能解决什么问题呢？此外，还有人民群众的精神生活问题，即自由的问题。

这一系列的问题都摆在这位二十三岁的皇帝面前。

文帝即位前，受教育的情形史无记载。他受封为代王在高皇诛灭陈豨后，这时他只七岁。虽然他母亲薄姬是个很不得宠的妃子，一辈子得幸于高皇的机会极稀，这又并非由于她姿容风貌不如人，而是莫名其所以然地高皇把她忘掉了[②]。他当然也是个不太得宠的儿子，但高皇肯定希望他速能长大成人，成为他和他的嫡嗣的得力助手[③]。估计他一定受到了当时培养王子的正常教育。当时，宫廷内吕后和戚夫人的一场你死我活的斗争，文帝和他母亲薄姬寂寞地在一旁静观，所得到的教育和刺激一定大极了。任付多少学费，投多少名师，读多少古典，游历多少名山大川，也受不到这样教育。尤妙的是：他母子俩既置身事外，而分明又在局中。她们既不能不关心这场斗争，这是她们的家务，她母子俩是这个皇族的成员，而她们又全使不上劲，绝对没有发言权。这位置最适宜于运用理智作无私的静观。

何以能置身事外？因薄姬当时欲求党于吕氏或戚氏均不可得。哪一方胜利对她母子有利亦无法预测。这就是所谓孤臣孽子所处的地位，其操心也微，其虑患也深，最有出息的人往往出于此中。

她们毫无患得患失之心，故能比较冷静，比较客观。当然在方法论上，百分之百的纯客观是办不到的。这就是人之所以为人。人总是人。

高皇崩后，戚夫人母子被吕太后极残酷地处死了。其他妃妾，

---

① 见《资治通鉴》卷十二及《汉书·食货志》。

② 《史记·外戚世家》。

③ 在清除了关东的异姓大王们后，凡姓刘的，刘邦的兄弟、从兄弟、侄儿们，全袍笏登场了。

对高皇身后留下来的一系列问题，根据他母子的亲身阅历，他感到除去忍和让，别无下手处，怎样对付，也不合适。船山指出这纯粹是道家的老学。船山的论断实在精确无比，是读透五千言后对文帝的治天下的方术的最高度的概括。为什么要忍呢？五千言中说："天下之至柔，驰骋天下之至刚。"又说："知人者智，自知者明，胜己者强。"这话等于说：真正强有力者是最善于作自我斗争的人。一贯伸拳头的决没什么了不起。又说："夫唯不争，故天下莫能与之争。"读这一系列格言，如嚼橄榄，越嚼越觉意味无穷深广。可是，我们理解它，欣赏它都还不算太难，谁能在生活上认真做实践工夫呢？也许对二千年后今天的我们不存在这个问题。这是帝王教科书[①]。

文帝元年，便有一位将军主张对朝鲜和南越用兵。文帝说："朕能任衣冠，念不到此，会吕氏之难，功臣宗室，共不羞耻，误居正位，常战战栗栗，恐事之不终，且兵凶器，虽克所愿，动亦耗病，谓百姓远方何？今匈奴内侵，军吏无功，边民父子，荷兵日久，朕常为动心伤痛，无日忘之。今未能销距。愿且坚边设候，结和通使，休宁北陲，为功多矣，且无议军。"[②]

以忍让为下手处，忍是智的表现，由此便派生出谦、慎、慈、俭一系列的美德。老子的三宝这里都有了。老子的军事哲学这里也有了。不同于儒家的孟子还分别什么义战与不义之战。仗是不打最好，打胜了也不如不打。

越忍越让，蓄积的力量便越大。这不是懦怯，不是阿 Q。文帝深懂：即便是贵为天子，富有四海，他的权力和利益既不可能是百分之百的绝对，也不应该是。如果是，作为天子的对立面的另一方，势必连立锥之地也无，而到了这一步，尊君论者势必仍以为未足，因

---

① 在今天把五千言当件古玩来理解、欣赏当然也可以，可以琢磨心思，提高情操。但也有流弊，这会把五千言等同于西方国家某些精而无用的哲学。

② 见《史记·律书》。

对立面还有个锥子在。当你的对立面正在踌躇四顾，觅地立锥之时，尊君论者还会跑过来对他说："你倒不如干脆把个锥子也献上来吧。你赤条条一丝不挂，四大皆空，这倒是条成佛的路。"到了这一步，你的对立面不一齐上来先把你送到地狱里去才叫怪事！这便是暴秦所走的路。尊君尊到公子十二人戮死咸阳市，十公主矺死于杜，财物入于县官（即中央政府），相连相逮者不可胜数。可气又可笑的是皇帝要那么多财物干什么！一弹指之间，霸王来了，一把火，可怜焦土！（参《史记·李斯传》）

尊君尊到最后，必然臣民皆奴隶，这是逻辑的必然。这不但是最大的罪恶，同时也是最大的愚蠢。在秦始皇以前，中国历史上从来不曾有过一人专政的普遍奴隶制的政治制度[①]。

按：完全反暴秦之所为，正是文景之治的主要精神，基本方向高祖入关时已奠定。文帝对秦之所以亡、汉之所以兴，是十分清楚的，这是他一生最感兴趣的问题[②]。他以忍让治天下，只要求天下承认一条：皇帝必须姓刘，是高皇帝的子孙，此外，无事不可商量。他以忍让，以清静无为作中央集权、专制政体的消毒剂。君权是绝对的，至高无上的，一切权力都集中在他这里，但他按兵不动。他不动，于是谁也不敢随便乱动。这便叫作以静制动，这便叫作以天下之至柔驰骋天下之至刚。他一不以搏击为能，二不使阴谋暗算，只是一味没力气，不使劲。

早在吕后时，南越王赵佗便自称南武帝，在边疆上生事[③]。这时，文帝写了一封信，带了点轻微礼物，派大中大夫陆贾去南越向南越王

---

① 参考《历史研究》1980年第3期林志纯《孔孟书中所反映的古代中国城市国家制度》一文。

② 见《史记·张释之传》释之第一次见文帝。文帝便吩咐他："卑之，无甚高论，令今可施行也。"于是释之言秦汉之间之事，秦所以失而汉所以兴者久之。文帝称善。这说明文帝绝不好高骛远，他特别关心的，感兴趣的是秦汉之间之事，是秦之所以亡，汉之所以兴。

③ 见《汉书·高后纪》。

致意问候。信开头第一句便是："朕，高皇帝侧室之子，弃外，奉北藩于代。"遭诸吕之乱，大臣才迎他来长安立为皇帝。接着便说：他已派人去真定存问赵佗的亲故，修治他先人的坟墓①。又接着说：赵佗在边境上生事，对汉对南越都有害。再接下去便说赵佗称帝彼此不便，不好互相往来，特派陆贾来传达皇帝意思。毫无气力，毫无锋芒，也未要求赵佗答复表态。问题解决了，赵佗上书谢恩请罪。

从文帝临崩时的遗诏看，他对坐在皇帝宝座上的确并不感到是件多么舒服的事。秦二世皇帝、秦王子婴的下场给他的印象太深刻了②。从绝对权力转化为零，乃至为负数，只在一刹那，一反掌，因所谓"绝对权力"本是件莫须有的事。秦王子婴有什么罪恶呢？落在项羽手里还不是求为匹夫而不可得。他为什么当皇帝呢？大臣们拥护他并非因为他有何功德。故文帝对于摆皇帝臭架子实在感到无聊而且危险。所以面对赵佗这个跳梁小丑，他心里一点不生气，以至于应付得那样从容不迫、游刃有余。他并不是行什么"仁政"，而是他认为当皇帝就该这样当。王船山说："以法治天下，则下甚劳而上甚逸；以道治天下，则下甚逸而上甚劳。"③这两句话分别用在始皇父子和文帝身上，可谓丝毫不爽。文帝在位二十余年，其心甚劳，其心甚苦。他身体一直不健康。遗诏说："朕获保宗庙，以眇眇之身托于天下君王之上，廿有余年矣。赖天之灵，社稷之福，方内安定，靡有兵革。朕既不敏，常畏过行，以羞先帝之遗德。惟年之长，惧于不终。今乃幸得以天年得复供养于高庙。朕之不明与？嘉之，其奚哀念之有？"④

文帝临崩时大有如释重负，如归故乡之感。不但不像燕昭王、

---

① 赵佗本是赵国人，老家在赵国真定，见《汉书·南越传》。

② 参《史记·秦本纪》、《秦始皇本纪》、《项羽本纪》。

③ 参《读通鉴论》论秦二世。

④ 《汉书·文帝本纪》。

秦始皇以及乃孙武帝求长生不死，而且也不稀罕健康长寿。不深有得于柱下，他对生死能这样潇洒么？做皇帝对他是个什么滋味，不也可窥见一斑么？

吕后元年，便下令除三族罪、妖言令。这政策落实不下去。文帝元年五月诏曰："……今法有诽谤妖言之罪，是使群臣不敢尽情，而上无由闻过失也，将何以来远方之贤良？其除之民或祝诅上，以相约而后相谩，吏以为大逆；其有它言，而吏又以为诽谤。此细民之愚，无知抵命。朕甚不取。自今以来，有犯此者，勿听治。"

按：所谓诽谤罪、妖言令，是暴秦遗留下来的极不人道，也极为无聊的弊政。这是尊君的必然产物，汉既承秦制，同样是尊君，中央集权、专制制度，想要根治这一弊政是很困难的。这样说来，这制度根本要不得。这问题非本文所能讨论。本文只能论述在这制度下，文帝怎样运用他的智慧、他的地位，使汉帝国免于走上秦二世而亡的道路，使后世史家、思想家不把高皇帝的朝代也叫作"暴汉"。十四年，他听到祠官祭鬼神时，都是为皇帝祝福，便赶忙制止。他说："朕甚愧之。夫以朕之不德，而躬享独美其福，而百姓不与焉，是重吾不德也。"[①] 这难道不是他的真情实感？

他是个今上皇帝，他总不能叫宗室大臣及士大夫、老百姓都不要尊他。只是他心中雪亮：不管人们喊尊君喊得震天价响，无非都是迫于势；在那个制度下不喊不行，不尊不行。可是当高皇率十万义兵进入关中后，连赵高也不尊君了，他便杀了二世，立了子婴，后又想杀子婴，尽灭秦族去投降高皇，立功赎罪。尊新君，求富贵[②]。这该是多么可怕、可笑、可恨、又可怜啊！这忠君论还有一个钱的价值没有？拼命提倡者无一不是野心家。所以文帝胸中自有智珠。他

---

① 《汉书·文帝本纪》。

② 《史记·高祖本纪》。

认为愚民百姓在下面哪得不有闲些言语，乃至于咒诅。至于谤诽和妖言间怎样划界，李斯、赵高之流也未必说得清楚。至于刀笔吏则为了表示他们尊君、忠君，执法唯恐不严。这正如宣帝时路温舒在其有名的论文中所说："治狱之吏，多欲人死，非憎人也，自安之道，在于人死。"[①] 文帝看清了此中积弊。秦亡首先是亡于李斯，其次是赵高，这都是忠君论者的骨干人物；再其次便是亡于"多欲人死"的刀笔吏。

至于让老百姓说几句闲话，乃至于诽谤几句，根本没有什么了不起。

文帝六年，发生了淮南王自杀的事件[②]。这是一幕悲剧。文帝十二年，民有作歌刺文帝者，其词曰："一尺布，尚可缝；一斗粟，尚可舂；兄弟二人不相容。"文帝听到后叹息。

文帝对这个小兄弟溺爱、骄纵，当他犯了法以后仍是委曲求全，想保全他。史书具在，可以复按。这首讽刺的歌，应该说与事实有出入。但是这反映废诽谤妖言罪的诏令的确落实了。所谓与事实有出入，这就看对这句话怎样理解。文帝和淮南王之间，确发生了矛盾，淮南王在受到严厉处分后自杀了。这都是事实。至于责任在淮南王，文帝处分他不过是吓唬他一下，不久仍要恢复他的王封。这，作歌者怎得知其底细呢？作歌者凭一时感慨，即便对文帝微有讽刺之意，当然也应该言者无罪。民间的歌谣并不是法官的判决。

这首歌和史迁、班固的书一齐传下来了。这对文帝有什么不好呢？

刘邦在时，曾命萧何制法律，张苍定章程，韩信申兵法。汉帝国是有一部法典的。文帝任命张释之为廷尉，这个人很严肃，是个

① 《汉书·路温舒传》。
② 《汉书·高五王传》。

很好的法官。但是在那个制度下，不管法官如何好，还要看皇帝的态度，因为皇帝的地位是超乎法律之上的。

以下两个事例说明了很重要的问题。

一次，皇帝御驾出行，经过一座桥。有一人从桥下走上来，惊了御马。把这人送廷尉审讯，无任何情形，确系良民。廷尉依律判此人当罚金。文帝发怒了，认为判得太轻了。释之说："依律只能这样判。当时如皇上吩咐立刻置之于死，也就罢了。既不，交到廷尉，我便只能这样判。如判重了，今后遇到类似案件怎么办？同样案情，有时判重，有时判轻，老百姓这日子怎样过？一部法典还不等于零！"

文帝考虑良久，才说："你判得对。"[①]

从文帝考虑了很久，看出他作了多艰苦的自我斗争。他克服了自身的弱点，取得了思想斗争的胜利。文帝到底是强有力者，堪称"哲学王"。

从这段材料里又可看出"皇帝"是个多么要不得的东西！有了这东西有多少麻烦！然而在那个制度下，没有它还不行。

又有一次，有人偷了高庙座前的玉环捕获得了，交廷尉办。释之判了他死刑。"哲学王"大发雷霆说："这该灭九族！"释之说："依律只能这样判。假如灭其族，万一有个愚民盗长陵一抔土，（挖掘刘邦坟墓的礼貌语言），陛下又将何以处之？"文帝最后也只得承认他判得正确[②]。

文帝一生显得心不平、气不和，据史册记载，有这两次。一次是涉及他自身的安危，这时他大概想起他毕竟是皇帝，另一次是涉及高皇身后的尊严。这说明"胜己"毕竟不易。然而就这两次事件，他也还是承认了法律的尊严，他没有利用万人之上的特权，越过廷尉

① 参看《史记·张释之传》。

② 同上。

自己处理，这也该算难能可贵了。

三　汉文帝与贾谊

文帝和贾谊的关系，也要算历史上一个公案。

谈这个问题，不妨首先从苏东坡谈起。

东坡一生最佩服两个人，一个是贾长沙，另一个是陆宣公。他也隐隐以这二人自况。现当然把陆宣公丢在一边不谈。

读东坡写的《贾谊论》，可以不客气地说：他既不了解文帝和贾谊君臣之间的关系，也不了解汉家当时的政治形势。文章的主要论点是：汉文帝是三代后难得的贤明之君，而贾谊则是历史上难得的王佐之才。贾谊该见用于文帝，该大得意，该成就一番空前绝后的事业，而事实上偏偏不曾，他不解，于是非常惋惜，于是写了这篇论，于是论来论去，论不出一个所以然。

东坡是个有大才气的文人，大到使闻一多认为他之所以不能成为第一流的诗人，正是为才气所累（见《闻一多全集》评议王维画孟浩然像一文）。他诗、词、书、画，样样精通，小品文也颇可观赏，论到王荆公的《三经新义》也能击中其弊，因他精通文艺。他根本不能论史，因他毫无见识，徒有辩才不行。

贾谊是洛阳人。据《史记·贾谊传》："年十八，以能诵诗属书闻于郡中。吴廷尉为河南守，闻其秀才，召置门下，甚幸爱。孝文帝初立，闻河南守吴公治平为天下第一，故与李斯同邑而常学事焉；乃征为廷尉。廷尉乃言贾生年少，颇通诸子百家之书。文帝召以为博士。……超迁，一岁中至太中大夫。"《史记》本传只保存了他一篇《鹏鸟赋》和一篇《吊屈原赋》。这并不说明他的政论文史公都认为无价值。《史记》著书的体例，只保存一个历史人物的文学作品。

《汉书》则在《贾谊传》及《食货志》中收录了贾谊有关政治和经济的丰富材料。他活了三十三岁，便因自伤不得志郁郁而死了。

贾谊是怎样一个人呢？他的学问是什么路数呢？对他的所谓不得志该怎样理解呢？不成问题，他是个天才磊落英发的青年，兴趣广，知识面也广的多方面人物。他不但对现实政治有兴趣，对当时政治上的重大问题感兴趣，有他自己的系统性的看法；他对文学也喜爱，故过湘水时，感怀身世，作赋以吊屈原。他的哲学思想绝不是个庸俗的实用主义者，对一些带有永久性的根本问题也有他的相当精致的看法。他生值汉初挟书律已废除之后，自然是如饥似渴地求书，废寝忘食地读书。否则无法解释那样年轻，便积累了那样丰富那样有体系的知识。还有一说，我们也不要相信秦王朝的挟书律便真是对每一个人都那样“天威不违颜咫尺”。宋以后有一位诗人说得好：“谤声易弥怨难除，秦法虽严亦甚疏。夜半桥边呼孺子，人间犹有未烧书。”任何暴君的苛烦的政令，实质都是无事自扰，自搬砖头打自己的脚。在二世未死于望夷宫之前，天下书籍无疑久已在地下流行。张良的学问传自黄石公，已有交代，韩信的学问又是谁传授的？车夫娄敬的学问又是谁传授的？有可能贾生有家传世学，有藏书，史失记载。

据上所述，贾生的学问，是自成一家的由体达用之学，是王充所谓通人之学（见《论衡·超奇篇》)。《过秦论》的思想是儒家思想，《陈政事疏》中的谈政治经济的思想基本上是儒家思想，也多少杂一点法家思想，但不能便说他是杂家。贾生的学问和董仲舒完全不一样。后者是汉人之学，今文经学。贾生的规模格局要比董生阔达得多。他不是经师的儒学，目之为通人之学则是恰当不过。他在《鹏鸟赋》里表达的谈生死问题的思想则完全渊源于道家。老子的五千言里也谈到过生死问题，但谈得很少，谈得很精。庄子则谈得多。可是两汉人很少谈庄周。班固在《汉书·叙传》里说：桓谭曾向他叔父班嗣借《庄子》。《汉书·艺文志》提到庄周，列在道家。贾生肯定见到过五千言。读《鹏鸟赋》的“天地为炉，造化为工，阴阳为炭，万物为铜”。似乎他也读过庄子的《大宗师》，否则不会写出这样活泼生动而又说理精粹的文章。据此，我们可以说贾生与尊奉道家思想的文帝是同志，他们应该有共同语言。

是的，他们有共同语言。班固《汉书·贾谊传》里记载，他在长沙作《鹏鸟赋》后一年多，文帝想起他，召回京师。他入见时，上方受釐，坐宣室。上因感鬼神事而问鬼神之本，谊具道所以然之故。至夜半，文帝前席。既罢，曰：“吾久不见贾生，自以为过之。今不及也。”这段文章写得很细致，也很形象。写这一对年轻的君臣对坐在庄严的宣室里，谈心直到半夜三更。文帝对贾生的妙论越听越感到意味深永，于是不自觉地移座向贾生靠拢。看，他们的君臣之际，何尝不是良师益友的关系？可有一点主子奴才的气味？文帝自叹不及的谈后感，又表现出好多重要内容。第一是文帝坦率的可贵品质；第二是文帝对贾生一贯尊敬、佩服，对他的成就和造诣有足够的估价；第三是文帝确实在认真学习，在下苦功夫，不是自认为既贵为天子，便可以随心所欲，信口开河。至于他怎样认真学习，怎样下苦功夫，我们无法知道。

他们谈到深夜，谈的是鬼神问题。宣室鬼神之对不传，太炎先生虽觉可惜，但同时又以为从《鹏鸟赋》可窥其大概（见《菿汉昌言》）。我以为鬼神问题紧密联系到一个死生问题。文帝死时只四十六岁。正如贾谊所说，他上有老母，下有弱子。他临死前那样神志清醒，不但求之于帝王中难得其俦，一般的富家翁也很难办到。这很难说宣室鬼神之对对他没有启发。李商隐有诗咏其事云：“宣室求贤访逐臣，贾生才调本无伦，可怜夜半虚前席，不问苍生问鬼神。”通过这件事来讽刺汉文帝是落了空的。大概一个人自己倒霉，便无往而不同情他认为也倒霉的人，这也是人之常情。用这个态度来论史则毫无是处。

我认为文帝对贾谊是有了解的，他能虚心向贾谊学习；而贾谊对文帝的了解则很欠充分。文帝虽生于深宫之中，实际上是长于忧患之际。他即位后，深知汉帝国的基础远未巩固，他自己的宝座也远未巩固。这时，绝不是大有作为之时，而是加紧潜修之时。要物质力量，同时更要精神力量。对此，我在本文第二部分已有比较详尽的论述，兹不再赘。可惜这一番深心密意，贾谊完全不懂。对于人情的复杂，做人的艰难，他缺乏像文帝那样的深刻体会。他倒像生于深宫中，而文帝反倒像长于江湖之上，风尘之际。这说来好像很难令人置信。

贾谊对这个汉帝国是深爱的。他也认为文帝是个大可与之有为的皇帝。而文帝却对明摆着的当前急待解决的问题似乎视若无睹。第一，是关东诸侯王的问题。第二，是匈奴的问题。第三，富商大贾的生活骄奢豪华侵削农民，而农民的生活还很不富裕，农民不安心于田陇的问题。要解决这三个问题，首先还要改正朔服色制度，定官名，兴礼乐。这位年轻的王佐之才要求文帝把这一套统统交给他，让他里里外外一把手，他都包办！他认为汉兴已将近三十年，有条件这样做，但文帝却认为他没有条件这样做。是的，他没有条件这样做。

文帝如听了他的，必然的后果是将后来他儿子孙子所做的事都提前完成，让子子孙孙永享太平之福。果尔，则文帝现在亲自做的事交给谁呢？他好像也体会不来现在文帝在干些什么。文帝的修养、文帝的境界比他高得多，即此便可证明。文帝是在那里“为无为”，他不懂。他的学问是从读书得来的，文帝的学问一方面固然也在于读书，但主要的还是从认真实践，从亲自的生活体验中得来的。

文帝并未让他下不了台，只是向他表示自己无德，不能大规模地有所作为；对贾生的一片热肠，勃勃雄心，还了他个“谦让未遑”

（见《史记·贾谊传》），浑身没劲。

文帝心里的算盘，在上文第二部分中已交代清楚。他和贾生的想法是完全一致的，对贾生的上疏，他想：关东诸侯王的问题诚然是个大问题，特别是吴楚二国，但这是我们姓刘的家务事，我还不急呢，你急个什么呢？照你的上疏所说，他们还不到动手的时候。这很对，那就更用不着手忙脚乱了。如果越迟他们的力量就越大，我也无时无刻不在加强中央的精神力量和物质力量。因此，这个问题用不着发愁。问题是中央的精神力量和物质力量是否真正在加强。

据班书《爰盎传》（爰盎，又作袁盎，字丝）：袁丝有一天在上朝时，看出太尉周勃的姿态太过于自命不凡，而文帝的态度则异常小心翼翼。散朝后他就问文帝："太尉是属于哪个范畴的大臣？"文帝答："社稷臣。"袁丝说："他不够。"文帝问他为什么？袁丝说："当吕太后封诸吕为王时，他不敢和她争，这就够不上是个社稷臣。吕太后身后，诸吕要造反了，太尉兵权在手，保了刘氏，镇压了诸吕，立了大功，会逢其适，并没有什么了不起的。"文帝认为他说得对。以后上朝，文帝的态度一天比一天庄严、肃穆；太尉的态度一天比一天恭敬。

由此可见文帝是有心人，他的心深得很。他无往而不让，无往而不忍，决非无往而不信任。袁丝和他谈关于周勃的评价，给他留下的印象一定极深刻。故关于他的家务事，如能大事化小，小事化无，最好，万一有事，少让异姓介入最好。不独对贾生如此，对功臣大臣都如此，后来对晁错也如此。

关于对匈奴的问题，当然是个大问题。然而昔高皇帝曾以三十万众困于平城，而彼时正是个猛将如云，谋臣如雨的时代。文帝认为这岂是一件可以轻心掉之的事情。他暂时仍用娄敬给高皇帝筹谋的和亲的对策。边疆上出点小问题还是忍。后来的历史证明，汉家的武德历久未衰。一直到东汉桓灵二帝时还未衰。事情真如贾谊所说，“匈奴众不过汉一大县”，那么，文帝当时的“忍”正是以大事小，以强事弱，是最高的武德，最高姿态的忍，决非阿Q式的忍。

至于贾谊提出来的要改正朔、服色制度，定官名，兴礼乐，这一套文帝对之更不感兴趣。贾谊的意思无非是认为文帝太不像个皇帝的样子了，要把他打扮起来，使具足皇帝威仪，这才成个体统。现在是富商大贾的衣服质量比皇帝的还高级；他们的妻妾的衣妆打扮比皇后的还考究。他们的生活奢侈享乐超过了帝室。这还成话吗？他认为应该强本抑末，恨不得让侵削农民的商人都到农村去务本。

贾生接受的先秦儒家思想，反映在《过秦论》及《新书·大政上篇》中的，肯定都是很好的。这里所谈的改正朔、易服色这一套不免都是形式主义的儒家的糟粕。其中多少还杂了点邹衍的阴阳家的货色。孔丘和孟、荀就从未说过这类话。贾谊不能领会文帝的“简”字诀，以“简”治天下是革亡秦弊政的无上妙药，这等于精神上的布帛菽粟，行之越久越好。从表面上好像看不出什么显著的功效，但作用大极了。文帝的“简”，已达到“陋”的程度。这好得很。他真正懂得了五千言里治帝王们的膏肓痼疾的一句金石之言：“太上，下知有之。其次，誉而亲之。”其意谓：最好的皇帝，老百姓根本不知道他在干什么。他最好什么也不干，或干得很少。因为皇帝一名的定义就是他不可能做任何好事，他只能也只会做坏事。老百姓根本不知道他在干什么，就说明他未干坏事，或者只干了很少的坏事。然而在那个时代，皇帝又不可能没有，无政府主义永远只是极少数知识分子的一种幻想。所以皇帝的雅号就叫作“非有不可的罪恶”。

据此，则帝王在柱下的眼里是个什么丑恶的怪物，岂不比在任何人眼里都更清楚？据此，说柱下是帝王的忠实奴才或忠实走狗的人们是不是也还可以给他重新议处或免处？我并不反对人们对他有这样看法，我也承认宇宙甚大，吹万不齐。反正我对他不这样看。我也并非不爱今人爱古人，情有独钟于先秦被鲁迅讽为一段呆木头的那个老汉。像鲁迅那样和柱下开个小小的玩笑，亦未为不可。我所关注的仍是今天的人们。大惧否定了那一段呆木头之后，闹了很长一段时间的“清官比贪官更坏”，“爱民的皇帝比暴君更凶恶”的道德虚无论又要嚣张起来，好乱成性者又将会死灰复燃。这个正在走向治平的赤县神州又将如鼎沸，不可以一日居。区区之心，如此而已，岂有他哉！

贾生的崇本思想当然是正确的，和文帝和晁错都是一致的。这一君二臣都认为国家仓库里要有大量储备，边疆上要有丰富的囤积。农民手里要人人都有些粮食，但现在距这目标还远得很。贾生关于这个问题的见识，不但远不及文帝，还不远及他的后辈，武帝时代才现身于历史舞台的司马迁。他把中央和边疆和农民三方面都缺乏粮食的责任全归之于商人。他只看到富商大贾骄奢淫逸，侵削农民。诚然，这都是事实。但是他全看不到富商大贾在推动历史向前发展的过程中所起的积极作用。他于是一个劲强调抑末。这是十分皮相的见解，十分迂阔的思想，根本行不通的办法。

汉五年高皇刚接位时，便采取了强本抑末的具体措施。强本立即收到了初步效果；抑末则是对商人采用了既似恶作剧，又似开玩笑的一些手段。结果末并未被抑下去，这一点下文还要谈。所以吕后执政时便取消了对商人的近乎人身侮辱的办法。但商人还是不得拜爵做官，直到文帝时还仍是开国时的旧规。

远在周室东迁以前，富商大贾已作为一种社会力量相当活跃了。《左传》昭公十六年有如下一段记载：“宣子有环，其一在郑商。宣子谒诸郑伯。子产弗与，曰：‘非官府之守器也，寡君不知。’”

宣子是晋国掌权的贵族，晋国是霸主。他因政治事件访问郑国，便中寻求一件他的宝物玉环，现掌握在郑国一商人之手。宣子希望郑伯出面干预，帮助他收回此宝。出色的政治家郑子产拒绝了他的要求，理由是此宝不在政府手里，当政者无权过问。后来宣子直接从商人手里买回玉环，议定了价格后，商人说：必须让君、大夫知道这件事，买卖方能成交。

宣子以商人的话告诉子产，求子产点头表示同意，子产又拒绝了。理由是："昔我先君桓公与商人皆出自周，庸次比耦，以艾杀此地，斩之蓬蒿藜藋，而共处之，世有盟誓，以相信也，曰：'尔无我叛，我无强贾，毋或匄夺。尔有利市宝贿，我勿与知。'恃此质誓，故能相保，以至于今。今吾子以好来辱，而谓敝邑强夺商人，是教敝邑背盟誓也。毋乃不可乎！"按：先君桓公，即郑国第一代始祖，周宣王的小儿子，幽王之弟，他和商人同自西京来到封地之日，即以盟约形式严格规定下掌政权者和商人的关系。商人不得背叛国家，国家必须保护商人的自由贸易。这充分说明当时商业已相当发达，商人虽非贵族，但能量已很大，如果他们背叛国家，会对国家造成相当危害，故国家才以盟约的形式明白规定双方的权利和义务。

自周室东迁以后，经春秋以至战国，随着西周制度的逐渐崩溃，在诸侯国家中，齐、楚、秦、晋等大国兴起，富商大贾的出现于历史舞台，更是在这一漫长历史过程中出现的形形色色新鲜事物中的一种。有大国必然有大城市、大都会；有大城市、大都会，就必然有大商人，他们不耕而食，不织而衣，和帝王将相封君们完全一样，他们还需要有技术的手工业者为他们服务。故班固在《食货志》里说："有万乘之国，必有万金之贾；有千乘之国，必有千金之贾。"二者之间的关系，如蜗牛头生二角，此"一"对彼"一"，同时并起。迁史、班书所谓一金，即黄金一斤，万金即黄金万斤（见班书《惠帝纪》颜师古注）。就令此说多少带点夸大，但春秋战国时代的大国晋、楚、齐、秦，其国家规模和政治、经济、文化等各方面实力的总和，都远远超过西周的文、武、成、康的盛世。这是绝对不成问题的。所以孟子才说："夏后殷周之盛，地未有过千里者也，而齐有其地矣。鸡鸣狗吠相闻，而达乎四境，而齐有其民矣。"（见《孟子·公孙丑章句上》）所说当然是事实。到了秦、汉，帝国的规模和实力，当然又超过上一代的七雄不知多少倍。那么，汉兴三十年，随着帝国的形势日趋稳定，富商大贾的经济势力蓬勃发展，完全是当然之理，自然之势。史迁在《货殖列传》里目之曰“素封”。这一名深可玩味。无封君之名，而有其富厚，而享受甚或过之，实质是有区别于政治贵族的经济贵族。犹春秋公羊家称仲尼为素王，其义一也。实质是有区别于政治贵族的精神贵族。这在西周文、武、成、康之世肯定都是没有的。可惜贾生对这一重要历史现象竟无多少深刻的认识。

对“素封”缺乏一个深刻而正确的认识是不行的。对他们采取粗暴打击则不但是错误的，而且也是愚蠢的。贾生一贯把他们叫作大残、大贼，几乎认为有了他们，天下就穷困了，农民就遭灾了。这是十分幼稚的腐儒的见地。他全不懂得“素封”之出现于历史舞台，是社会生产力发达到一定历史阶段的必然产物。有许多事情，许多历史现象，是不易了解，不易认识的。郑康成《诗谱序》说了一句：“诗之兴也，谅不于上皇之世。”没有卓越的见识不能说这句话。唐孔颖达疏中指出所谓上皇之世是“田渔而食”之世。没有卓越的见解也不能有这“指出”。那么，诗之兴只能是兴于殷周之际。在女性中心群婚杂交，人们知有母而不知有父的历史阶段，产生不了《诗》三百。这有什么办法呢？充贾生之志，即使汉文当时用最激烈的手段对待富商大贾、市侩小人，把他们的财产全没收了，分配给农民，或纳入国库，农民富不了，国家也富不了。这又有什么办法呢？市侩小人就是生财有道，他们有一本生意经。资本一到了他们手里就如同龙蛇飞舞，就如同赵女的杨柳细腰，江郎的生花彩笔。随心所欲、无所不可。他们的能量大得很，不但能量大，而且他们中有第一流高风格的人，有机智绝伦的人，如陶朱公，三致千金三散之。他本来就是大政治家。又如齐之无盐氏，他当吴楚七国兴兵时，出捐千金贷。这时，长安中列侯封君们都不敢冒险投资，尽管投出

去是投一得十的高利。因关东战事尚未知鹿死谁手。这说明市侩小人发财，也还需要有胆有识。(《史记·货殖列传》)

当然，这支队伍中没有几个清教徒，一般都是席丰履厚，乘坚策肥，养尊处优，乃至更有甚于此者。有了他们，有了大都会，这社会再也不像过去那样淳朴可爱了。在这个光怪陆离、鱼龙混杂的花花世界中，简直是：个个都是哄人精，处处都有陷人坑。但是要知道经过了春秋到战国，通过大砍大杀，已把西周时代千八百国，合并成一个史无前例的庞大帝国。这时，还希望它能保持西周时代的简单淳朴，不是太天真了吗？西周是诗人的时代，出了老聃和孔丘以后，历史已发展到智人的时代，是从抒情诗向高度理智发展的时代，是九流十家的时代。谓予不信，请参看章太炎的杰作《诗辨》及普列汉诺夫的《论艺术》。这二位大师，以不同方式讲明了人类从蒙昧进于文明的必然程序。还想倒退回去么？回不去了！混沌已经死了。请读庄周的《应帝王》这篇杰作。老聃、孔丘事实上都是谋杀混沌的儵与忽，是罪魁祸首。

说到这里，两汉人物，除了高皇和文、武二帝外，第一个慧心人应数太史公司马迁；贾长沙、班孟坚都只能屈居第二流。一篇《货殖列传》，尽管材料远不及班书《食货志》丰富充实，但他以泼辣雄浑的巨笔（不是江郎那枝杨柳腰似的彩笔）理直气壮地，毫无顾忌地歌颂了所谓市侩小人、富商大贾，以及无赖恶少，乃至于出卖色相的赵女郑姬，乃至于不务正业的博徒赌棍。他绝不是歌颂犯罪，而只是告诉我们：这里面往往是第一流人才集合之所。同时也给帝王将相、文人学士、正人君子们脸上统统抹了一把黑，让他们知道，他们并没有什么了不起之处。后世只有《水浒》和元曲里有这一路笔墨。贾长沙哪能有这样心胸气魄和见识。

贾生得君如文帝而未能大得意。我认为他在当时的处境亦决不能算潦倒。关于关东诸侯王和匈奴的问题，后来景、武二帝所采取的方略，正同乎他的部署。则生亦可以无憾。《新书》庐序也能有见及此。关于本末的问题，文帝和晁错稍后处理得很好。文帝对他很了解，很尊敬，他对文帝可以随便上疏言事，称性而谈，毫无顾忌和保留。彼此几乎完全是君臣而朋友的关系。贾生得此更可以无憾矣。然而他心情还是不舒畅，郁郁而死。我以为文帝无负于贾生。

四　汉文帝和晁错

晁错的《贵粟疏》提出了一个较好的处理本末问题的方案。《贵粟疏》里指出了一条极朴素极简单的真理，即皇帝不能和市侩小人斗法，怎样也斗不过。后来史迁在《货殖列传》里同样强调了这一条真理。《贵粟疏》说："今法律贱商人，商人已富贵矣；尊农夫，农夫已贫贱矣。故俗之所贵，主之所贱也；吏之所卑，法之所尊也。"这段话精简有力地说明了从高皇开国时便在实行的抑末强本的政策的无效，说明了皇家的政治势力远远敌不过市侩小人的经济势力。这说明抑商不但是错误的，而且也是愚蠢的。尽管以高皇的天威，行之无效，便是无效，任何事物总有个该怎样便怎样的一定之规，硬上不行，蛮干不行。

任凭高皇以什么难堪的手段来困辱、折磨商人，商人却以富贵的事实来向高皇示威。如还是继续用更蛮横的手段"抑"下去，当然也可以，结果是只有把本来生气勃勃、熙熙攘攘的都会"抑"得百物萧条，不像个都会。奇技淫巧都没有了，普通市民资生所必需的物质也没有，而农民还是富裕不起来。这有什么办法呢？于是晁错认识到要解决粮食问题，必须另觅途径。要达到上文提到的三个崇高目标。如单就国家和农民双方考虑，这个问题永远无法解决，必须让富商大贾也介入，不能不理睬他，更不能困辱他、抑他。必须使粮食卖得起价钱，而粮食又必须大量掌握在农民手里。国家根本不向农民要粮食，而向富商大贾要粮食，这里面有一套鬼斧神工的设计，有一套精致巧妙的政治技术。

商人这个阶层的确是狡猾的、奸诈的、会算账的；为了钱，为了利，不顾它自己以外任何人的死活的。这是事实（H.G. 威尔斯在其《世界史纲》下册卷末，谈第一次世界大战后英国的经济已达于枯竭、崩溃之境，而大商人仍在囤积居奇，全不顾人民死活。威尔斯对他们表示了深恶痛绝。他甚至有倾向于社会主义的想法）。他们遵奉的生意经里有一条："钱是好，但必要时你要冒生命危险去赢得它。"商人也有一点好，不假清高。有时他也会装出一副很明大义、很有正义、很爱国家的面孔，但一定是他这时所经营的事业恰好碰上和国家要求相一致。如情况不是这样，他便不喊，悄悄地去干他的。

《贵粟疏》充分利用商人爱面子好虚荣的心理，利用他们不得拜爵做官的精神上的屈辱，建议国家废除禁令。商人通过纳粟可以受爵，不仅如此，通过纳粟还可以免罪。这诱使商人向农民低头，使农民处于主动地位。农民的粮不足以应商人之求，则粮价愈贵。愈贵，则农民务农的积极性愈大。国家也自然而然地达到了储备大量粮食的目的。这一来国家便更有条件向农民实行所谓仁政。分明是大丰收之年，官吏下乡，不是催租，而是宣布国家免税的恩旨。就这样，农民务农的积极性当然更高，农民对皇帝的感情当然更好。

根据五千言玄旨，大概帝王只能做这一类的工作。这叫作"为无为"。根据史迁《货殖列传》，这叫作因势利导，运用政治技巧、政治权力，把农民的粮食以较高的、农民比较满意的价格移入富商大贾手中，再叫富商大贾乖乖地送到国家指定的地方去。不劝农而农自劝。市侩小人也心情舒畅，国家解决了粮食问题，手里也并未拿着鞭子。

文帝采纳了晁错这个设计，他深有契会于柱下的又一句格言。

叫作“治人事天莫若啬”。意即：对人力物力都要无比地爱惜，这是天地的精华，社会的元气。“啬”即吝啬，本不是个美名，但经过柱下的熔铸冶化，成为治国治天下的万金良方。柱下这句话专对做天子的人讲，而天子根本无权拿这句话去要求别人。旷观一部历史，凡最大的劳民伤财，既不爱惜人力，又不爱惜物力的罪大恶极之事，都是天子们做出来的。最典型的例子当然是秦始皇和隋炀帝。故他们二位的政权只能替汉唐开路。此所以治日少而乱日多。文帝的逻辑是：他只能以大公无私，克制自己以成天下之私。虽然国家的法典对他的权力没有任何限制，但他自觉到他除了示天下以俭，示天下以简，示天下以静，示天下以忍以外，再使不上一点点气力。他决不希望也决不要求天下人都来向他看齐，因这是绝对办不到的事。《货殖列传》中说得好：“《诗》、《书》所述虞夏以来，耳目欲极声色之好，口欲穷刍豢之味，身安逸乐，而心夸矜势能之荣，使俗之渐民久矣。虽户说以眇论，终不能化。”文帝正因为具有这样的心胸识见，所以他完全能懂得柱下的“胜己者强”的教导。一个做帝王的人，最可怕的敌人是他无止境的欲望和无边际的权力，所以才能把自秦末以来一直动荡不定的局势使之安定下来。反之，如果他不惜以众人自待其身，而以圣人望于编户之氓和市井小人，天下又必大乱。

关于关东同姓大王的问题，晁错也继贾生提出了非整肃他们不可的疏奏。文帝不报。景帝即位不久，晁错又提出整肃吴楚等国的问题。景帝接受了。七国举兵反，以诛晁错清君侧为名。袁丝密谏景帝，请诛晁错以谢吴楚。七国兵当然不因此而罢。请诛晁错不过是他们一个借口。白白牺牲了一个晁错。对这个公案又该怎样理解呢？

晁错的被诛，由于袁丝的一句话。景帝怎这样轻率呢？晁错之得宠于文景父子，已非一日。他的才能和忠心久已为二帝所赏识。这时他已官居御史大夫。吴、楚不会因诛晁错而罢兵。以景帝之明，无不能洞察之理。故晁错的悲剧是一项多方面因素造成的复杂事件。

据班书本传，晁错是法家，其为人峭直刻深。他又通晓兵事，兼通儒学。凡法家无不急功近利，敢于干预帝王家庭骨肉之事。在一部历史上，法家往往很少有好结果。商君如此，韩非如此，李斯亦如此。晁错当然也难能例外。景帝也是个峭直刻深之人。文帝之学传至景帝，已由道家在渐变为法家。一因景帝无文帝之德；二因道家与法家本为一事之两面；三因晁错为太子家令时，曾上疏文帝，他认为太子应该通法术之学。文帝许他以法术之学授景帝。其好为帝王师如此。

吴楚之事，文帝在日，贾生进言，至于痛哭流涕。帝不报。晁错也进言，帝又不报。但对于调整农商利益，移民边塞，积谷论兵，凡错所言不管已实行或未，后者如移民事，文帝无不内契于心。据此，七国之事，晁错完全可以不管。不管不为不忠于国，不为不忠于先帝。文帝身后，他随即又向景帝进言，深入了文帝不要贾生管，也不要他管的禁区。文帝已密投机宜于景帝，一朝天下有变，有周亚夫可任大将。

晁错在遇祸之前，已获罪于丞相申屠嘉。景帝袒护了他。申屠嘉未能置之死地，气死了（见《汉书·申屠嘉传》）。为了削诸侯王事，公卿列侯宗室会议，对晁错的主张，除窦婴外，谁也不敢表示异同。窦婴的意见是不是代表窦太后呢？对此，晁错一点也不加以考虑。也许并不代表，但万一代表呢？其独断自信如此。南宋洪迈在其《容斋随笔》中说：千古帝王唯汉文帝之宠幸窦皇后不是徒悦其色，而是因双方都爱好黄老之学（因手头无书，记不清在第几笔，大意如此）。此言深有见地。窦太后与文帝的遇合，也极富有戏剧性的意味（见《史记·外戚世家》）。窦太后一直活到武帝即位以后。有她在，武帝便不能张儒术。她不是不过问天下大事的一位女主。

晁错又与袁丝一向不和，两人从来不说话，分道避席。据班书袁丝本传，他是个大侠。游侠和法家自来是死敌。袁丝又和窦婴最相好，他也能在文帝面前说极有分量的话，言人所不能言，言人所不敢言（上文已提过他敢在文帝面前论周勃非社稷臣。从这里又可知文帝虽与窦皇后夫妇同心，秉持柱下之教，修之于身，见诸行事；但对大臣功臣，任凭其为儒或法，或出入于各家，或为游侠，不拘一格；皆得在皇帝前进言，或上疏言事。言可以听，可以见信，亦不必听，不必见信。不听不信者亦无罪，不给钉子碰。呜呼！此其所以为文皇也）。他虽无晁错经济之才，不能写文章，自是另一路了不起的人物。当时袁丝已被晁错检举，说他受了吴王的赂遗，被罢官为庶人。晁错正准备进一步置他于死地。他得到风声，夜见窦婴，自辨无受吴王赂遗事。窦婴替他在景帝前进了言，他又得到召见。于是顷刻之间，宾主倒置，他反置晁错于死地。

这毕竟是怎么回事呢？综观上文提供的各方面的材料，不难看出，袁丝这时请诛晁错，岂特内心毫无万全之策，而完全是出于万死不顾一生之计。不料一击即中。

晁错之死，在天下当然引起了极大的震动。对这一重大事件的看法当然不外两种。

第一种：七国以诛错为名，天子已诛了七国认为是离间皇家骨肉的罪魁祸首；而七国仍进兵不已。还要说不是造反，还有谁肯相信？天子对七国很有骨肉恩情，不惜牺牲立功两代的股肱大臣以明心；而七国则辜负了高皇分封子弟以屏藩中央的盛意美德。

第二种：七国蓄意叛乱，久已路人皆知。以晁错谋国之忠，料事之鉴，而落得这样下场，以后谁还敢替皇家打主意。

大概景帝更多估计了第一点，而对事情的另一面则欠考虑。景帝之峭直刻深更超过了晁错。真可谓名师出高徒。

于此，更可以看出文帝的意念深远矣。

他不要贾生来包办他的家务事也不愿晁错来过问他的家务事。

其思想深远矣。

吴楚七国的问题本没有什么了不起。太尉周亚夫上第一线。窦婴为大将军，坐镇洛阳。三个月事情结束了。据《史记·窦婴本传》，景帝初意也并不想让这位外戚介入，迫于窦太后之命，窦婴才得拜大将军，以军功封魏其侯。虽不是以裙带关系获得爵位，却是以裙带关系得拜大将军。对窦婴尚如此审慎，则文帝当年不让贾生和晁错来插手他的家务事，实在是对异姓大臣的关切爱护。于此见文帝之盛德。他又估计：七国的问题大不到哪里去。他继高皇帝的大统有天下，对天下任何事连他都不敢轻举妄动。如果七国敢于冒天下之大不韪，绝不会有好下场。于此见文帝之深识远见、冷静沉着。

然而，晁错的悲剧，在历史上留下的影响是深远的。

明朝有个沙门，人们尊称之为莲池大师。他在其所写的一部极有趣味的宣扬佛法的书中是这样处理这个问题的：晁错一直在轮回中追逐袁丝。袁化为鼠，晁化为猫，猫吃了鼠。双方又在轮回中追逐。就这样，袁一直被晁吃了不知几千万遍。直到莲池之世，双方仍在继续吃和被吃下去（见《竹窗随笔》）。是一股什么力量纠缠住他们双方，使他们这样难解难分；一个要吃，一个无所逃于广宇大宙，不得不被吃下去呢？我不能知之。引起我注意的是：这件事在一千多年后的一个逃空虚的和尚的心灵上，却留下发这样深刻的痕迹，到底逃空虚者是闻足音而喜呢，还是闻足音而悲呢？莲池大师为什么纠缠在一千余年前这一历史公案中难解难分有如此！

晁错决非死于袁丝之手，事情很清楚。似乎该说死于窦婴之手，但也不是。当然，和这两人都有关联。只能说：他自处于死地。凡无死地者不得死。弓太满了，弦太紧了，他自置身于死、生、存、亡、宠、辱、得、失的节骨眼上。故他的死是死于他的法术。莲池大师当然深通佛法，但不懂得我们今天这种综合分析法。他的心地太善良了，但正由于此，我很怀疑他是否能成佛，甚至我怀疑所有的有名的老和尚恐怕都未必能成佛，包括那第一位老和尚天竺古先生。恐怕都还在轮回，永远在轮回下去。莲池当知：对晁错太慈悲，则对袁丝判刑便不免于太重。算了罢！大家都丢开手吧！晁错也未必愿意生生世世变一只猫去吃一只老鼠的。

呜呼！才智之士择术固不可不慎哉！

于是而知文帝思想深远，智虑周详矣。

景帝在位十六年崩。所谓文景之治，在历史上传为美谈。《史记·平准书》记载当时情况说："至今上（指武帝）即位数岁，汉兴七十余年之间，国家无事，非遇水旱之灾，民则人给家足，都、鄙、廪、庾皆满，而府库余货财。京师之钱累巨万，贯朽而不可校。太仓之粟，陈陈相因，充溢露积于外，至腐败不可食。众庶街巷有马，阡陌之间成群，而乘字牝者，傧而不得聚会，守闾阎者食粱肉，为吏者长子孙，居官者以为姓号，故人人自爱而重犯法，先行义而后绌耻辱焉。"

这段叙述完全是可信的史料。持较汉五年高皇初即位时，《高祖本纪》所记载的那时的不景气的情况，成就肯定是伟大的。

到了武帝时，帝国的政策已到了不得不变之时。尽管迁史、班书、司马光的《通鉴》，对这位君王均颇多微词，但无论如何，这位君王确也是一代天骄。本文到此结束。

《史记·外戚世家》的简略分析

太史公在汉兴七十年代写这篇文章当然有其深刻的意义。我在《论〈离骚〉的三次求女及屈原的忠君爱国思想》一文中已有较详尽的论述。本文从另一角度来分析当时最上层的贵族妇女的命运，看她们到底是幸福，还是不幸福。这问题是值得有思想的人仔细玩味、深刻体会的。

“命”字在本文里太史公一再提到，提到时他总是那样感慨系之。在一个真正幸福的社会里，偶然性的事情应该尽可能减少到接近于零的限度。绝对没有当然无论如何是办不到的。皇宫里恐怕很难有所谓幸福，这就看我们对幸福一词的定义该怎样下法。

太史公有感于当时最上层贵族妇女祸福之无准，遭遇之不可测，他当然无法解释这现象，只好归之于“命”。根据庄子对于“命”的定义是：“知其不可奈何而安之”，这便叫作命。在那个历史条件下不可能对这一问题有更进一步的解释了。任何人对此也不可能提出更进一步的要求了。要说每一个人都把自己的命运掌握在自己手里，谁也不敢作此幻想，太史公自己也不敢有此幻想，更别说妇女们了，更别说作为“良家子”被选入宫禁的妇女们了。一切只有交给“命运之神”。

先从高皇帝的薄皇后说起（这句话的比较正确的说法应该是“先从孝文皇帝的母亲薄太后说起”。因高皇在日，她一天皇后也未当过），她本是山西魏王豹宫中的一个妃子，号称是薄姬。一次，有一个善于相面算卦的女人算她会生一个儿子，而且这个儿子当为天子。这魏王豹是个庸人，他把这句全不足凭信的胡言乱语好像理所当然地和他自己的地位和命运联系起来，既然她要生一个做天子的儿子，唯一的前提只能是"他是未来的天子"，而项羽、刘邦都不在话下了。这逻辑看上去也蛮有道理，毫不牵强附会。

不久，韩信便从陕西渡过黄河打到山西来，活捉了豹。这时天子尚未出世呢，这对豹是个很有趣的讽刺。紧跟着汉王也来到了山西。汉王从织室里发现了这位"当生天子"的美人，生欢喜心，于是她就被送到汉王后宫里去了。

这以后，汉王便把她忘了。

一天，汉王和管夫人、赵子儿坐在一个高台上欢宴。管、赵二位原都是魏王豹宫中的美人，这二位曾和薄姬有密约："谁先得到汉王的宠幸时，都要互相拉一把。"于是管、赵二人顿忆起共订密约的往事，窃窃私语。汉王问她们说什么。她二人始如实奏知君王这一段三人间的情事。这使汉王回忆起当初一见到薄姬时便对她有情，后来却一直把她冷落了，于是生怜悯心，就在当天薄姬再度得到君王的宠幸，生一子，七岁时被封为代王。这位代王便是后来西汉的孝文皇帝。这是何等富有戏剧性啊！

更有戏剧性的事还在后头。从这第二次得到宠幸以后，薄姬便又极少有机会见到君王。君王崩后，吕太后极残酷地处死了最得宠的戚夫人，其他妃妾次于戚夫人经常得到君王宠幸的，一概软禁在宫中。唯薄姬以希得进见故，吕太后恩准她以代王太后的身份随同儿子去代。读史至此，才令人恍然大悟：薄姬的长期寂寞、倒霉，原来倒都是"幸福的伪装"[①]，历史的辩证的发展，是这样曲折、有

① 《进化论与伦理学》注解 3、39。

趣！真如同柱下之史在《道德经》中所说的“福兮祸所倚，祸兮福所伏”。好像真如同歌德在《浮士德》这部杰作中所说的有一个麦菲斯朵夫这样的角色，现恶魔身，到处作恶，而又总是创造了善。当时的这个中国的麦菲斯朵夫弄尽了狡狯，最后的目的是要让薄姬的儿子正位为孝文皇帝，然后中国的历史才算按它应该遵循的轨道发展下去[①]。

孝文帝的窦皇后的故事，其富于戏剧性正不减于其上一代。窦姬之得幸于代王全由“宦者忘之”一件偶然的事误打误撞而来，毫无道理可说。吕太后选拔了一批宫女，吩咐一个宦者分别赐给每一位分封的亲王五名宫女。其中有一名窦姬是赵国人，她悄悄地要求宦者把她分到赵国去，宦者答应了。不知怎的，到分配时，这位宦者忘了他已经答应了的这件事，误把她分发到代国去了。宣布后，窦姬失望，哭泣，不愿去。宦者对她说，分配谁去代或去赵，太后不管，都是我分配，我发昏忘了你的嘱托。现已上报太后，这就无法更改，这可不是可以随便闹着玩的。你就去代国吧。窦姬无可奈何，怀着一肚皮委曲去了。事有出乎任何人意料之外者，到了代国后“代王独幸窦姬”。事更有出乎任何人意料之外者，不久，代王王后便死了，窦姬便被立为王后。事更有出乎任何人意料之外者，不久代王王后所生之子都死了，这时窦姬已生子，便被立为王世子。事更有出乎任何人意料之外者，吕太后崩后，汉宗室大臣诛诸吕，代王在高皇帝诸子中最年长，最有德（当时还有其他条件）。于是代王便被请到长安来做皇帝，代王太后成了皇太后，代王后成了皇后。太史公面对这一系列的历史现实，除了说“岂非命也乎哉”，似乎也别无什话可说。

这窦姬便是孝景帝的母亲，孝武帝的祖母。

---

① 参看章太炎：《检论》卷九《近思》篇。太炎这篇论文对文景之治及武帝对我中华民族的贡献，评价都甚高，见解甚卓越。

如果不是这宦者“忘之”这一误打误撞的偶然事件，而是照窦姬的意思把她分配到赵国去，汉家的历史便完全得重新写，窦姬的名字便不登于史册了。

景帝是配合文帝完成了“文景之治”的。汉帝国的物质力量和精神力量都是在这两代蓄积起来，培养出来的。武帝更是天之骄子，他的功勋随着中华民族的历史的发展，越到后来越发彰明昭著。这都不是这篇文章里所能谈的。这里只能提八个字，他北伐匈奴，西通西域；毋庸讳言，他是个败家子，汉家几代的积蓄到了他手里都被他花得精光，几代培养扶植起来的敦大笃厚的社会风习都遭到破坏了，到他晚年时民穷财尽，盗贼盈野。这都写在《史记》、《汉书》、《资治通鉴》上，但这里也只能提八个字，他罪在一时，而功在万世。

窦皇后对文帝是个得力的贤内助。宋代的学者洪迈在其名著《容斋随笔》一书中说，千古帝王只有汉代孝文帝对于窦皇后不只是悦其色，而是在信奉黄老之学这一点上，他们是夫妇而同志。这是深有见识的判断。他们当时只有做准备工作，把惊天动地的事业都留给儿孙们去做。这恰恰符合了辩证法，一弛一张的文武之道。

想当初这位窦家姑娘哭哭啼啼，凄凄惨惨切切，怀着一肚皮委屈，出雁门关到代国去时，她怎样也梦想不到她到代国以后的一系列飞跃发展的遭际，她更怎样也梦想不到她这一身，关系于汉帝国的前途，以及中华民族的千秋万代的历史如此之大！这多么富有戏剧性的意味啊①！

景帝的王皇后的遭际也极富有戏剧性。这是一幕滑稽悲喜剧。

---

① 当时文帝被封为代王治晋阳，故窦姬此行并未出雁门关。窦皇后的初念只是想回到赵国去，离娘家近些，没有任何不切实际的野心，妄想富贵，想往上爬当皇后，据贾谊说，她当了皇后，穿着远比不上富商大贾家的妻妾。文帝欣赏她也正在于此。这才会和文帝的要求自己严格，“端居无为，使人人得以缓带而议，阔步而游”（章太炎《近思》篇中赞文帝语），统一步调，完成文景之治，使人人安心，家家富足，不想北走胡而南走粤，储蓄下力量，以待子孙完成史所未有的伟大成绩。

王皇后的母亲嫁过两次，先嫁王仲，生了两个女儿。长女在入宫前已嫁给金王孙为妻，已生了一男一女。次女尚在闺中待聘，于是王老太太让卜者给她算卦，卜者算她该当贵妃。老太太听了很高兴，顺便叫卜者给她长女也算一卦，结果说是长女该当皇后。老太太更加高兴。打发人把大女儿接回来，告诉她如此如此，从此不许她去夫家和丈夫儿女团圆。丈夫急了要打官司，于是老太太索性将大女儿紧接着小女儿之后也都纳入太子宫中去了。假如宫中没有强有力的内线，这事怕办不到的[①]。天下真有这样的巧事，景帝对这姐俩都喜欢，而且特别喜欢这个姐姐，称为王夫人。不久便生一子，便是武帝。王美人得登上皇后的宝座，这以后还有一段曲折。

这时，景帝已立栗姬之子为太子，但栗姬尚未正名为皇后。景帝有一位同母的姐姐称为“长公主”，以区别于景帝的女儿们称“公主”。在民间即长一辈的姑太太及晚一辈的姑奶奶的区分。宫中有了这位长公主和没有她，情况大不一样。她要把她的女儿阿娇许配给太子，栗姬毫不犹豫地严厉拒绝了。这一事件基本上决定了栗姬母子失败的命运，这位姑太太是得罪不得的。栗姬生长公主的气已非止一日，景帝身边的一些年轻妖冶的妃妾都是这位姐姐给他搞来的。长公主立刻掉过头来要把女儿许配给武帝，王夫人立刻满面春风一口答应了。于是长公主成日价在景帝面前诽谤栗姬，美化王夫人母子无所不至。于是太子废，栗姬忧愁而死。

景帝只活了四十八岁。崩后，武帝嗣立，王夫人由皇后改称号，尊为皇太后。窦太后尊为太皇太后。长公主捞到什么没有呢？什么也没有。阿娇的皇后地位也保全不了。原因是武帝的同母姐平阳公主完全继承了长公主的这一套衣钵，专门替她兄弟介绍秀外慧中的美人，以长公主对待栗姬的手段来对待阿娇。她并不怕长公主会气死。

① 这内线我估计在长公主手里，史无明文。

通过这一事件，人们可以总结出一条规律，叫作“君以此始，必以此终”[①]。凡以赌徒起家的，最后总是以赌博破产；凡以耍流氓、打砸抢起家的，最后总是以耍流氓、打砸抢丧生。百分之百，绝无例外。

这位王夫人，后来的王皇后，最后是王太后，她是很有心眼儿的，很聪明机智的，不像栗姬那样不识相，不懂事，不晓得这位姑太太在这个皇族大家庭中的地位和能量。她想把她的女儿许配给你的儿子，因你的儿子已立为太子。可你的地位目前还只能算是个准皇后。结上这门亲，你的皇后地位立刻便能到手。你不结这门亲，给她个下不了台，她也只有使出全身心的力量来使你母子俩同归于尽。一个皇帝的儿子如已被立为太子而又遭废黜，除死以外别无出路。有来自一切方面的力量要叫他活不下去。这又是一条规律。例外是极个别的，如东汉光武皇帝废郭后立阴后，废原太子为东海王另立明帝。明帝对东海王的兄弟友谊始终维持得很好，而且超过了对他的同母兄弟。郭皇后也正常地平安地度过了她失去皇后宝座后的余年。这当然有其特别具体的各方面的条件。栗姬母子虽然败在长公主手里，而长公主并未得到好处。这件事的意义当然也是极深刻的。

武帝即位以后，和长公主的关系处得极恶劣。不久，又因他将要大有作为而罢黜百家、独崇儒术，得罪了窦太皇太后。于是王太后对儿子说，你已得罪了长公主，太皇太后心里已不舒服，现在又闹这一套，继续得罪太皇太后，这不好。妇人家是好哄的，你务必把

---

① 这一条规律，即陈毅同志所说的“善有善报，恶有恶报，不是不报，时辰未到”，也即孟子所说的“出乎尔者，反乎尔者也”。长公主不想一想，你的女儿为什么非当皇后不可，不当皇后的女人就不幸福么？为了使你女儿当上皇后，利用你特有的势力和手段，把已立为太子的你的一个亲属，和眼看着马上就要当上皇后的一个女人硬拉下来，结果使他们都毁了。于是你的女儿果然当上皇后了。于是你胜利了。但是，有一个“麦菲斯朵夫”假手于平阳公主整你的女儿如同你整栗姬一样，你却完全无能为力。真就叫作“君以此始，必以此终”。读一篇《外戚世家》如读《红楼梦》。王凤姐比之于这位长公主如小巫见大巫了。

太皇太后哄好了。这都说明王太后入宫以后之所以一帆风顺，她比栗姬多了不止一个心眼儿。

武帝的卫皇后本是平阳公主府中的一名歌女。得幸于武帝后，平阳公主把她送入宫中，也经历了一段曲折的道路，才登上皇后的宝座。卫氏的结局是一场大悲剧，《史记》一字未写。太史公只写到卫氏入宫，被立为皇后，生三女一子，便搁下了笔。

三世长者知家室之事
五世长者知饮食之事

《正葛》诸葛村夫和皇叔、关羽、鲁肃、阿瞒及碧眼小儿

《正葛》是太炎少年时写的一篇文章。其主要内容说东吴乘关羽出兵从曹仁手中夺取襄樊之际袭取了荆州，生擒关羽，斩首送给孟德。对这件事，诸葛村夫是有预见的。他存心不发一兵一卒救关羽，也不向刘备说当时荆州和关羽处境的危险。如此立论乍听之下，令人吃惊。仔细想来又觉很有道理。太炎提出村夫是法家。法家的治国一定要使“一国之柄无出于二孔，出于二孔，其所举虽是，而宰相因以不能齐人心，一法令，则国已分裂矣。虽杀之（即关羽），疆埸侵削，终不以易内讧”。这便是村夫要借手于东吴而消灭关羽的策略。这段议论出于一个年青人手笔，这个年青人非一般人而是太炎，所以才能达到这样深刻、锐利的境地。读后令人不寒而栗。诸葛村夫竟是这样可怕的一个人物。为了除掉关羽，不惜赔上一个荆州。从此，村夫可以牢牢掌握西蜀大权，一直到他死。但从此，蜀国也只能龟缩在三峡里，不能跨出大江一步，村夫的《隆中对》对刘备所预计的西蜀立国的规模及战略部署是：“跨有荆益，保其岩阻，外结好孙权，内修政理。天下有变则命一上将，将荆州之众，以向宛洛，将军身率益州之众以向秦川。”这也全成了空话。外结好孙权的目的，当然达到。

人们都知道赤壁之战的重要意义，这一战挫败了孟德，初步奠定了三方并帝的规模。这一战所以能挫败孟德则由于孙、刘结成联

盟，江北江南同心协力。孙、刘所以能结成联盟，则由于刘备身边有一个诸葛村夫，而江东孙权手下有一个鲁肃。这二人都是有卓越见识的第一流政治家、军事家、战略家。他们清楚地看到，孙、刘如不结成同盟，只有被孟德各个击破，先后同归于尽。《隆中对》村夫对刘备说："今曹已拥百万之众，挟天子以令天下，此诚不可与争锋，孙氏据有江东，已历三世，国险而民附，贤能为之用，此可与为援而不可图也。"鲁肃经周郎介绍给孙权，第一次和碧眼小儿密谈天下形势时说："肃窃料汉室不可复兴，曹操不可卒除，为将军计，唯有鼎足江东以观天下之衅。"这两位政治家对形势的估计，如出于一人之口。至于鲁肃估计汉室不可复兴，村夫心里何尝不是这样想，只是由于刘备非打兴复汉室的大旗不可，这句话只能和刘备心照不宣，未便出之于口而已。

村夫和鲁肃是一对心心相印的好朋友。他们这样想、这样做是为了孙、刘两家的利益。孙、刘一定得紧密地团结在一起，只有这条路，直到消灭了曹孟德为止。所可惜者，懂得这种深刻道理的人在江东只有一个鲁肃，在西蜀也只有一个村夫。周郎是鲁肃的好朋友，是江东的军事领袖，他临终时上表给孙权便说："方今曹操在北，疆场未静，刘备寄寓，犹似养虎，天下之事未知终始。"这说明在他的认识上曹、刘都同样是可怕的敌人，刘备现盘据荆州是寄寓，荆州理当为东吴所有。至于团结刘备抵抗曹操也不过一时权宜之计。碧眼小儿内心里本来瞧不起刘备，赤壁之战后，虽然"权稍畏之，进妹固好"（《三国志·先主传》），但内心里也是时时刻刻想独吞荆州，把刘备撵走。暂时让刘备占有荆州，还是受了鲁肃的劝告，北方曹公的威力太大，单江东招架不住，暂且让刘备占有荆州有必要。这便是所谓"借荆州"的说法。孙权和周郎的思想完全一样，这说明像孙权和周郎这样的杰出人物，并不真正理解诸葛亮和鲁肃思想上所谓结成孙、刘联盟的深刻含义。

以下再回到这篇文章的主题上来。诸葛和关羽之间的关系及矛盾比之于鲁肃和周郎之间的关系更大有不同。而诸葛和关羽二人在刘备内心的位置也是一个微妙复杂的问题。

首先，可以这样说，诸葛肯定是很不喜欢关羽的，对诸葛的“东和孙权”这句话的深刻含义，关羽是从没有放在心上的。他是个老子天下第一，狂傲自大，类似先秦智伯一流的人物。尽管刘备说他得到诸葛如鱼得水，但是对关羽，诸葛在刘备面前是不能加任何褒贬的，希望关羽虚心体会这样一位智慧之神化身的军师的语言是不可能的。

当刘备以荆州为基础，又向西发展拿下了四川，这时东吴已经两眼发红，心里有火，认为这时荆州该归还给它了。它认为赤壁之战的胜利果实，它什么也未捞到，白白替刘备出了力。其实这笔账根本是无法算的，当然，江东君臣有这样看法，也是完全可以理解的。所以在刘备得了四川后，以四川为根据地，把关羽这样一位将军放在荆州这样一个敏感的地区挂帅是极不合适的。可以说把荆州交给西蜀任何一个偏将、末将都比关羽合适些。这时守荆州的该是一位有政治头脑、手腕灵活的军事家才能胜任。但刘备非把荆州交给关羽不可，这对于他是一件应无庸议之事。刘备就是那样一位主子，那样个脾气。以诸葛村夫之精严深细，会认识到荆州交给此人，或迟或早必出问题，这是绝对不成问题的，关羽不可能搞好吴、蜀二国的关系，这也是肯定的。关羽在荆州一系列的荒谬悖乱的对东吴的态度，以及出兵襄樊后在用人行政方面一系列的措施失当，村夫是能揣想得到，也肯定会得到一些正确信息的，否则村夫岂但不是个智慧之神的化身的军师，简直成了个糊涂虫大笨蛋，这和他不能在刘备面前谈关羽有关于荆州的任何事情，这是两码子事。这时鲁肃已死，东吴掌权的是吕蒙，也是东吴的贪功激进派。吕蒙身边还有个不露面，不声不响的幕后人物——陆逊，这又是一位出色的很了不起的军事家。这时关羽即使小心谨慎地执行村夫的外交政策，还不保东吴对荆州不生异心。

因当初“借荆州”给刘备已是勉勉强强。孙权和周郎都大不快意。至于对“借荆州”这问题该怎样看，本是一笔算不清的账，东吴的看法是一面之见，刘备和关羽的看法也只能是一面之见。刘备到四川去大得意，东吴已很不快意。此刻关羽又在襄阳得手，威震华夏，东吴当然更不高兴。这时吕蒙已在磨刀，许昌已在向江东开条件。这一切的一切难道能逃过村夫的那一双慧眼么？

这一切的一切因为牵扯到的人物是关羽，诸葛村夫在主子面前怎样说也不合适，不管这件事的后果发展下去有多么严重，但是对于绝对不能说的话，只有不说。说了不会使很坏的事变得稍好一些，所以只有不说，听其自然发展。这是真正智人的态度，真正智人立身行己的原则。

关羽也应该说是历史上一个巨人。他不但是刘备的一个宝贝疙瘩。曹公同样欣赏他。他曾投降过曹公，曹公欣赏他雄壮威猛。但终于发现他内心不靠拢，想立功后报答了曹公厚待之意，便要去找故主。不久，关羽和张辽在白马斩了颜良、文丑之后，便奔先主于袁绍军中。曹公制止左右去追捕，很赞赏他对刘备的一片忠心。后世史家裴松之特别赞美曹公确有王霸的宏伟气度。

曹公能欣赏碧眼小儿，同时也能欣赏关羽，但关羽却很瞧不起碧眼小儿。当许昌派人去游说碧眼小儿，叫他发兵袭取荆州，从背后捅关羽一刀，事成之后荆州就归东吴所有时，孙权同意了。紧接着，吕蒙的水军便打扮成商人模样向空虚的荆州进军了，荆州一失，关羽在前线的军队便全崩溃了。

在这以前，还有一项重要事件补叙于此。尽管关羽在荆州和东吴已搞得很不愉快，但碧眼小儿徘徊于曹、刘之间还经过了好几个回合。曹公不是好相识，他是深知的。鲁肃和诸葛村夫结成的孙、刘联盟对江东的贡献的巨大，他也是深有体会的。鲁肃身后，碧眼小儿的哀痛心情，如同哀痛周郎一样。村夫在成都也以他个人的名义为鲁肃发丧告哀，其意分明是要吴蜀双方都知道这个孙刘联盟的重大意义，绝不止于是他失去了一个知心同调的问题。故在荆、吴间关系恶化，濒于破裂边缘的前夕，碧眼小儿又打发使者去见关羽重申旧好，希望在吴侯、关将军间结成婚姻，求关羽将女儿配给他的儿子，永结盟好，共图大事。这分明又是当年他向刘备“进妹固好”一样的手段。岂料关将军大发雷霆，把使者大骂了一通，把碧眼小儿大大侮辱了一番。以后便是许昌的使者在建业活动开了。

这样重大的事件，村夫能从荆州得不到一点信息么！

这样重大的事件说明了碧眼小儿能忍辱负重，不愧为浙江人，大有越王勾践之风。所以后来他终成大业虽然暂时投降了曹公，为他一生英雄事业的白璧微瑕，受到两当轩词人黄仲则的讽刺，说他“只儿封降表落中原，生平耻”，但这是受关二将军逼的。这位关二将军为此付出了丧失脑袋的代价。因为他一贯看不起而且侮辱一个不应当被看不起，而且受到侮辱的大英雄。

故荆州此次的惨败，诸葛村夫是有预见的，但是说诸葛村夫假手于东吴而消灭关羽，这一推论则完全不能成立。当时村夫完全使不上一点气力，所谓鱼水君臣也是有一定的限度的。这位刘皇叔是一条两栖的鱼。这条鱼有时要蹦到岸上去，则水也就没有办法了。

太炎的这篇少作《正葛》最后一句是：“少时所论云尔。”先生也已认识到少作持论太过火，欠正确。假如诸葛村夫真如《正葛》所云，还成个什么大政治家呢？先生在其他处也承认他青年时写文章，为了一鸣惊人，有时爱持一种非常奇特的论点，使我们这些低能读者惊得呆了。例如老子西出函谷关，适秦。先生说适秦是怕孔子及“之徒”要杀害他。鲁迅翁已说过，他年青时在东京亲身听到先生讲课时这样讲，心里并不相信真有其事。那篇文章《章氏丛书》

未收。《正葛》论点也够奇妙的，《丛书》收了，作《思葛》订正了。先生是一位伟大的哲人，伟大的学人，又是一位妙趣横生的人，妙哉！妙哉！

后　记

《章氏丛书》中有一篇《思葛》。自云年少时曾作《正葛》，全文现均保存在《思葛》中，文长二百余字。然后先生又重新正视了少作的观点，提出了新的看法。据《正葛》的观点也可以说先生在少年时代也是个极左分子。这真是很有意思、很有趣味的事。先生的可爱也在这里体现了。其具体内容我已概括在我的这篇杂文里。在新的看法中对诸葛及孙仲谋，先生评价都极高。我在这篇小小拙文中特别提出鲁肃在孙刘联盟中所起的作用。所怀万端，略写几句如上。

后记之后

关于《思葛》的一篇杂文写成后，1983年元月又写了几句后记。现将付梓，觉意犹未尽，再写几句后记之后。

太炎在年青时的文章，将诸葛亮写得比李斯、韩非等古典法家更峭直深刻，更心辣手狠，显然很不现实。太炎后来已悔其少作。本文所欲说明者，村夫的治国用兵，确是法家，孟德亦然。村夫的立身行已完全是道家，他有名的格言是：淡泊以明志，宁静以致远。他忠于皇叔出于感激皇叔的三顾之恩，否则他已甘心苟全性命于乱世，身死之后，内无余帛，外无余粟，李斯、韩非哪有这样胸襟怀抱。孟德则除了是政治家、军事家外，同时是一位大诗人，是魏晋风流人物的鼻祖。故他们二位都只能算是“用法家”，而非严格意义的古典法家。即以汉武而论，他的行事实质上是法家，但却要打着罢黜百家，独崇儒术的旗号，当知打这旗号和不打，毕竟不一样。这一点说明一下似很有必要。至于拙文将三国时代的三方面头等人物以村夫为核心都浓缩在一起，意在帮助诱导青年们去读《三国志》。大雅君子则殊无资于此尔。

从主和派的人物张子布说起

张昭字子布，徐州人，值汉末天下大乱之时，子布和大批知识界知名之士均离乡，避难到江东。孙策雄心勃勃，想在江东大有一番作为。他知子布是一位德高望重的老前辈，就以晚辈之礼去拜他为师，请他出山相助。子布看准孙策大有出息，答应了他的要求。

有这样一段有名的故事：高狂的文人祢正平，在刘表座上，正值刘表写信给孙策。刘表写成后请祢指教。祢看后问："你的信是写给孙策帐下大老粗们看的，还是给张子布看的？"祢的身世为人都是闻名的。他不是曾脱得赤条条的击鼓骂曹的那位出色人物么？从祢的这句话就可以看出子布在当时知识界中的身份和地位。孙策短命而死，临终时郑重地把他身后的天下国家大事都托给子布，要求他严格认真地帮助教育他的弟弟。孙策死后，他的母亲吴太妃经常问子布："仲谋能行吗？我真发愁他挑不起他哥哥留给他的这副重担子。"子布回答说："请太妃放心，他很得行。"

孙策刚刚草创了这个局面，本来尚未太稳定。他不幸夭折，人心更是动荡不安。孙权悲哀哭泣，手足无措，不知如何办好。这时子布对他说："你的身份不是个老百姓，你是个将军，这不是你应该哭的时候。"于是吩咐他赶快上马，带了部队，和子布一起到处巡行视察，人心才逐渐慢慢地安定下来。太妃临死时，又向子布千叮万嘱，要他从严要求孙权，对他进行教育。从此子布和周郎，一文一武管理内外大政。

曹公下江南时，先取荆州，然后一面追击刘备，一面把注意力集中到江东的孙权。这时刘表刚刚去世。鲁肃奉孙权之命去荆州以吊丧为名，实质上是去搜集情报，了解荆州的政治动向。鲁肃在路上得知刘琮已投降曹操，刘备和诸葛亮准备去江夏依靠刘表的不愿降曹的大儿子刘琦，鲁肃赶来与刘备诸葛亮等一行在当阳长阪相会。肃和亮一见定交，商定了刘孙二家联盟拒曹的大计。诸葛亮于是作为刘备的代表随同鲁肃去东吴。

这时周郎在鄱阳湖训练水军。以张昭为代表的文官一致主张降曹。其时形势十分紧张，而孙权心中拿不定主意。于是鲁肃向孙权建议速召周瑜回来共商大计。周瑜一回来立即定下了联刘抗曹之计，对孙权分析了敌、我、友三方面的详细复杂情况，说明了当前是大可有为的形势，万无此理：把江东父子兄弟三辈人的艰苦创业白白送给姓曹的。于是从上到下积极备战，立即停止了主和派的发言权。战争的结果是辉煌的胜利，子布的脸上显得不太光彩。

对子布这个人毕竟该怎样看？请看一下历史学家裴松之在《三国志·张昭传》的注文中对张昭劝孙权迎曹的见解的评价："夫其扬休正色，委质孙氏，诚以厄运初遘，涂炭方始，自策及权，才略足辅，是以尽诚匡弼，以成其业，上藩汉室，下保民物；鼎峙之计，本非其志也。曹公仗顺而起，功以义立，冀以清一诸华，拓平荆郢，大定之机，在于此会。若使昭议获从，则六合为一，岂有兵连祸结，遂为战国之弊哉！虽无功于孙氏，有大当于天下矣。昔窦融归汉，与国升降，张鲁降魏，赏延于世。况权举全吴、望风顺服，宠异之厚其可测量哉！然则昭为人谋，岂不忠且正乎！"

以上这段裴松之评论张昭的文章，共有如下三层意思：一、张昭根本没想到使孙氏称王称霸。他自己只是个书生，是个学者，也从不曾想攀龙附凤做大官。张昭只是痛心于汉末天下混乱得太不像话了，人民太痛苦了。孙氏父子弟兄非袁氏弟兄父子所能同日而语。所以张昭想竭忠尽智，帮助他们在江东创造一片净土，让老百姓休养生息，歌于斯、哭于斯。如汉室还能复兴，江东可以作为一块很好的基地。这是辅佐孙氏的第一层意思。

二、曹公仗顺而起。所谓“仗顺”就是拙文《英雄终作贼》中所说的：他从“孤始举孝廉”以来一直总是做得漂亮事。既已举荆州、下江陵，这时面对着他统一天下的大好时机，那么就助他一把力，通过他的手去完成统一这一伟大的历史任务，有什么不好呢？这是他主张降曹的第二层意思。

三、孙权此刻投降曹公，他认为并非什么丢脸之事，和张鲁投降曹公大同小异。张鲁投降后，尚得到曹公的特别优待，而况孙权父子弟兄经营的江东胜过张鲁在汉中的基业不知多少倍。如能望风归顺，曹公会给他以特殊优越的待遇，这是不成问题的。如果这样，张昭替孙权出的主意可以说既忠厚而又正大，可以说张昭没辜负碧眼小儿他妈、他哥——老太妃和长沙桓王临死时对他的嘱托。这第三点，裴松之不点名地批判了鲁肃对碧眼小儿说的话，即：他鲁肃可以降曹，张昭也可以降曹，乃至任何人皆可降曹，唯独碧眼小儿不能降曹的理论。以上是他主张降曹的第三层意思。

鲁肃、周郎、诸葛亮都是不能了解子布的。他们都是少年英雄人物。子布则完全是另一种人，他根本就不是个英雄。他是个书生、学者，他的着眼点、他所关心的是中华民族在这一片神州大陆上的统一。这是他作为一个学者的良心。分裂的后果必然是频繁的战争，而频繁的战争首先伤害的是人民百姓，而战争得到胜利的一方享受胜利果实的也只是帝王将相。三方并帝以后的历史完全证实了这一点。可以这样说：他对人民百姓的关怀，他看到人民百姓的疾苦，超过当时的那一批青年有为的英雄们中的任何一个人。

子布是一个十分严肃的人，私生活也是简单朴素的。他对孙氏的忠心可以说远比不上周郎和鲁肃，但是他也绝不肯做对不起孙氏的事。孙权降曹后，曹公不会亏待他，他看得很准。然而，他也决非没有骨气的人。

后来，孙权见逼于关羽，暂时虚伪地投降了曹丕，受曹丕封为吴王时，魏使者来到东吴，态度十分傲慢。张昭立即对之痛加申斥，他说："礼无不敬，法无不肃，而君敢妄自尊大，岂以江东无尺寸之刃乎？"魏使者立即道歉。这表现子布是何等气概。他认为东吴受到魏国使者的侮辱，如同他亲身受到魏国使者的侮辱一样。一直到孙权做了皇帝以后，他对孙权讲话永远是据理力争，正色而谈，毫不迁就，经常闹成尴尬局面。一次闹得几乎要决裂了，他对孙权说："昔太后、桓王不以老臣嘱陛下，而以陛下嘱老臣。"从这两句话说明了他和孙权的关系以及他的身份。他从到江东避难以来，不曾有倚靠孙氏求功名富贵之心。他对孙权永远是以老师自居。《三国志·张昭传》评论他说："以严见惮，以高见外，既不处宰相，又不登师保，从容闾巷，养老而已。"他的一辈子无所谓得志不得志。他是求仁得仁，不求高官厚禄亦不得高官厚禄。他就是这样一个人物！

这样说来是不是鲁肃、周郎、诸葛等少年英雄联合抗曹是走错了路呢？

不是，根本不是那么一回事，话当然也绝对不能那样说。

历史的现实是鲁肃的联刘抗曹的政治主张得到青年军事领袖周郎的全力支持，为孙权接受了、实行了。最后是曹公败退了，三分鼎足的形势成了，这局面一直持续了半个世纪，然后三国先后同归于晋。根据一种理性主义的哲学，凡现实，无论其为美好的，或丑恶的，是使人愉快的，或使人不愉快的，都是合理的，即都是应该有的。你愿意或不愿意接受，你都非接受不可。任何人，凭他是谁，凭他多有才智，多有气魄，他都只能生活于现实之中，而不能超越于现实之外。

在赤壁之战的前夕，曹公大兵南下，解决了刘琮，正在追击兵微将寡的刘备君臣，同时静候江东的表态。这静候的时间是有限的。当时的形势对东吴来说是十分严厉的。江东的部署分三个方面：一方面是第一流的军事家周郎在鄱阳湖整治水军；一方面是第一流的外交家鲁肃渡江，去和第一流的外交家兼军事家诸葛村夫交换意见；另一方面是碧眼小儿从从容容静听以子布为首的元老重臣的意见。跟着周郎被召回，鲁肃带了诸葛来见仲谋，立刻便定下了和战大计。多么干净利落的政治家的身段，多么可爱的以孙仲谋为首的四位青年英雄人物！多么难得的英雄人物的风云际会，多么漂亮的赤壁一战啊！后世诗人词客，歌颂赤壁之战的篇章不可胜数。北宋大文豪苏东坡这样写：“遥想公瑾当年，小乔初嫁了，雄姿英发，羽扇纶巾，谈笑间，樯橹灰飞烟灭。”南宋大词人辛弃疾这样写：“千古江山，英雄无觅孙仲谋处。”寄慨更深了——当时的儿皇帝毫无一点志气，要是有个孙仲谋那样人物领袖群伦，岳飞、韩世忠、四川二吴那样的英雄人物哪得无用武之地！不爱英雄，不歌颂英雄的民族是没出息的。岂能因主和派有张子布那样一个有胆，别有见地的人物主张迎曹降曹，从而把主战的孙刘双方的“一时豪杰”全部推倒呢？而且那是怎样也推不倒的。当时孙氏的雏形政权的政治气氛很健康，很清新，一句话，好得很。尽管主和、主战两派旗帜分明，毫不隐瞒自己政治观点，但其中均丝毫不掺杂个人意气，私人恩怨，双方都忠君都爱国，但想法做法全不一样。尽管最后是主战派胜利了，但主和派的想法也都畅畅快快地吐露出来了。这使得我们了解当时的历史更具体了，更全面了。这多好啊，多美啊！到了后来，仲谋做了皇帝，又老了，曹公、曹丕，皇叔、诸葛亮都死了，他在当时“国际”上成了唯一的最老资格的政治人物了。东吴当年的这一点清新健康的政治气氛也没有了，他对内对外做了不少蠢事，他再不是碧眼小儿了，也一点不可爱了。

综合以上多方面对当时形势和人物的分析，仲谋毫无可能接受子布的迎曹降曹的意见是摆得清清楚楚的。他是个“将种”，先天的好斗。父兄乘乱世白手斗出那样一座锦绣山河，现在他有那样好的条件，要人才，有人才，要物资，有物资，又有刘备君臣那样与曹公誓不两立的一支友军，他怎肯轻易向曹公屈膝！而且主战派都是军事专家，对于曹公当时实在是处于不利形势下的一支客军看得一清二楚，曹公实无奈江东何，稍一挫败，在荆州也难站住脚，子布的见解陈义虽高，在人民群众中威望虽高，但这位老人家并不懂得具体怎样打仗。时至今日，当年的英雄割据已成为往事陈迹，当年该忠于孟德，或该忠于孙刘，这问题已没有什么意义。根据我们今天的新的价值论，对这问题也不该引起太大的争执。人们同意郭老该给孟德翻案，因他的确够得上是个英雄，他在当时对于恢复生产，恢复中原社会秩序作出了贡献。但谁也不会认为翻案后的孟德大家都得向他下跪，谁也不该认为当年的统一的伟大事业一定不能由他来完成，因为他不姓刘。唐代大诗人杜甫，就是既歌颂诸葛，也肯定孟德。今天，倒是当年在铁马金戈，各方面英雄人物纵横驰骋之际，有个张子布，他托身在江东，帮助孙氏稳定了江东的政局，但他心心念念关怀的是统一的问题，是人民百姓如何过太平日子的问题。就由于这，他在当时显得有点脱离了实际。赤壁之战后，他显得有点寂寞。但今天看，他的见解何等卓越！他的形象何等光辉！他所重视抓紧不放的两个问题是地久天长的问题。